CHAJIM BLOCH

KABBALISTISCHE SAGEN

CHAJIM BLOCH

KABBALISTISCHE SAGEN

IM VERLAG DER ASIA MAJOR, LEIPZIG

1925

MEINEM FÖRDERER, HERRN

LUDWIG VOGELSTEIN

IN NEW YORK

INHALTSVERZEICHNIS

VORBEMERKUNG

Zu den volkstümlichsten Gestalten der jüdischen Geistesgeschichte, an denen die Seele des kabbalistisch-chassidischen Ostjudentums mit Sehnsucht und brennendem Begehren hängt und an denen sich die Wunderlegende immer wieder mit erhöhter Kraft erneuert, gehört in erster Reihe Rabbi Jizchak Lurja ha-Levi Aschkenasi, der Erneuerer und Ausbauer der sogenannten „deutschen“ praktischen Kabbalah, dessen Name im Volke durch die Bezeichnung ARJ („Der Löwe“) oder ha-ARJ ha-kodesch („der heilige Löwe“) hervorragt und der noch heute dem strenggläubigen und traditionstreuen Judentum in allen

Ländern der Diaspora wie ein Lichtstrahl in der dunklen Nacht leuchtet. Eine heilige Scheu erfaßt uns, wenn wir vom Leben des ARJ erzählen wollen. Von ungeahnter Höhe wahrhaft jüdischer Sittlichkeitsforderung und stärkstem Verantwortlichkeitsgefühl sind die Gedankengänge seiner Weltanschauung, märchenhaft bunt und tiefsinnig die Geschichten seines Lebens und schön und herzlich, so fremd sie uns zunächst anmuten mögen, die Legenden, die mit seinem Namen verknüpft sind, um so mehr wenn wir sagen, daß aller Dichtung bester Sinn ihre höhere Wahrheit ist.

Diese Geschichten sind nicht unter indischer Sonnenglut entstanden, es fehlen ihnen auch Redekraft und Redeschwung der Buddha- und Heiligenlegenden und die von zarter Sinnenfreudigkeit durchwobene Poesie der arabischen Mystik, was der Grund sein dürfte, daß sie bis heute vernachlässigt und von der Hand unserer modernen Mystiker unberührt blieben. Sie sind außerhalb des Judentums ganz unbekannt, und selbst Juden kennen sie sehr wenig.

Als ich vor einiger Zeit einigen meiner Freunde die Meinung zum Ausdruck brachte, es würde sich verlohnen, diese Geschichten — sie sind in dem hebräischen Büchlein: „Schibche ha-ARJ“ (Lobpreisungen des Ari) sowie in vielen chassidischen Geschichtenbüchern enthalten und leben auch im Volksmunde — aus ihrem leider sehr verworrenen Urtexte in eine moderne Sprache zu übertragen, sprachen sie sich entschieden dagegen aus. In jener immer tiefer werdenden Dunkelheit, in welche das gegenwärtige materialistische, alles Religiöse für rückschrittlich haltende Menschentum hineingeraten ist, wird man, so behaupteten meine Freunde, für die Gedankenwelt des ARJ kein Verständnis haben. In unserer Zeit, da der Kampf um Richtungen und literarische Schlagworte geht, und da man jeden Tag auch geistig einen neuen Götzen erfindet, werden die geheimnisvollen, fast schauerlichen Lehren und Geschichten des ARJ nur Spott erregen, und selbst jene besinnlichen Menschen, die den im großen Welträtsel noch verborgenen Wahrheiten und schlummernden Geheimnissen auf den Grund kommen möchten, werden diesen Geschichten aus dem Leben des jüdischen Mystikers kaum ihre Aufmerksamkeit zuwenden. Meine Freunde meinten, es wäre auch ein großes Wagnis, sich an den unheimlichen und verworrenen Stoff heranzuwagen.

Aber man weiß, wie gerade verbotene, schwer erreichbare Früchte reizen! Ich habe meinen Plan im Auge behalten.

Da suchte mich jüngst ein arischer Schriftsteller aus Deutschland, Herr Robert Haubner, auf. Er kam zu mir, weil ich ihm als Kenner der Kabbalah empfohlen wurde, und verlangte von mir über einige ihm unverständliche kabbalistische Probleme Aufschluß; er arbeitet jetzt an einem größeren Werke über die Mystik aller Völker und

Religionen. (Eine Serie von Monographien der deutschen Mystiker wie Meister Eckhardt, Mechtild von Magdeburg, Johannes Tauler, Jakob Böhme soll auch bald erscheinen.) Aus den zu meinem in Bearbeitung befindlichen Buche „Probleme der Kabbala“ gesammelten Materialien konnte ich Herrn Haubner fast alle seine Fragen beantworten. Als ich ihm dann meinen Plan verriet, die Geschichten aus dem Leben des ARJ in deutscher Sprache herauszugeben, wünschte er, einige bereits bearbeitete Geschichten zu lesen. Herrn Haubner nahm es wunder, daß diese Geschichten bis heute in dem verworrenen Urtexte schlummern. Er drückte die Überzeugung aus, daß, wenn die in den jüdischen Legendenbüchern schlummernden Sagen einer weiten Öffentlichkeit zugeführt sein werden, die Kabbalah auf dem besten Wege ist, eine ganz neue Literatur zu entfesseln, weil sie eine Fülle von ganz ungewöhnlichen Stoffen in sich birgt; er meinte, daß die Geschichten des ARJ die Aufmerksamkeit jedes Literaturfreundes und jedes Religionsforschers reichlich verdienen, und daß sie besonders Seelenforschern willkommen sein dürften. Als guter Kenner des Buddhismus und der Lehre der Upanishaden, betonte er den Einfluß der Buddhalehre auf den ARJ besonders in bezug auf das Seelenwanderungsmotiv und versuchte auch, einige Vergleiche zu machen. Ich widersprach ihm. Denn abgesehen davon, daß der ARJ, wie wir es später mitteilen, nur mit seinen jüdischen Schülern verkehrte, und ihm schon aus diesem Grunde fremde Einflüsse nicht zugänglich waren, müssen wir noch seinen positiven Gottesglauben der ganz anders gerichteten Vorstellungswelt Buddhas gegenüberstellen. So mußte ich auch wegen mancher Meinungsverschiedenheit den Vorschlag, ein gemeinschaftliches Werk über die jüdische Kabbalah und die deutsche Mystik herauszugeben, ablehnen. Jedenfalls ermutigte mich Herr Haubner, die Geschichten des ARJ herauszugeben.

Einige Wochen später kam mir ein ungemein wertvolles Büchlein in die Hand: „Goethe und die Welträtsel". (Concordia, Deutsche Verlagsanstalt, Berlin.) Der Verfasser, Kurt Geucke, behauptet, daß Goethe, der große Goethe, an die Unsterblichkeit der Seele, an ihre Wiedergeburt und Erneuerung, ihre Wandlung und Wanderung geglaubt hat, und gibt in diesem Sinne eine feine Ausdeutung von Goethes „Seliger Sehnsucht" aus dem „Westöstlichen Divan": „Und so lang du das nicht hast, dieses Stirb und Werde — bist du nur ein trüber Gast auf dieser dunklen Erde", Geucke meint, daß dieser Glaube, diese selige Sehnsucht, Goethe zu seinem Faust hinübergeleitet hat. (Goethe glaubte also an Dinge, die in Polen jeder religiöse, „fanatische" Jude glaubt!)

Diese Tatsache gab mir den Mut, an die Ausführung meines Planes zu schreiten.

* *
*

Rabbi Jizchak Lurja ha-Levi wurde im Jahre 1534 zu Jerusalem geboren. Sein Zuname Aschkenasi, „Deutscher“, bezeichnet seine Abstammung aus den deutschen Landen. Im Knabenalter verlor er durch den Tod seinen Vater. Seine Mutter, die in ärmlichen Verhältnissen lebte, brachte ihn zu ihrem Bruder Mordechaj Francis, einem reichen Zollpächter zu Kairo in Ägypten, welcher ihn mit Liebe aufnahm und für seine Erziehung sorgte. Heranwachsend zeichnete er sich durch außerordentliche Gaben des Geistes und hohe Schönheit des Körpers aus. Man wollte ihn verheiraten und schlug ihm Mädchen aus den vornehmsten Familien des Landes vor, doch er wies sie alle zurück. Nach zwei Jahren heiratete er die Tochter seines Oheimes, der, wie er sich später äußerte, für ihr Erdendasein eine besonders erlesene Seele vom Himmel bestimmt worden. Einmal kam ihm das Buch Sohar in die Hand, jenes rätselhafte Buch Rabbi Simon ben

Jochajs, das damals wohl zum erstenmal in Druck erschienen war. In dieses Buch versenkte sich Lurja, lernte dessen Inhalt mit tiefer Bedachtsamkeit, bis er ihn auswendig wußte. Immer mehr vernachlässigte er die rabbinische Wissenschaft, an der er ehedem mit großer Liebe gehangen hatte, bis er eines schönen Tages zum Ärger seines Meisters R. David ben Simra das Bet-ha-Midrasch verließ und in der Einsamkeit des Niltals Zuflucht suchte. An diesem Tage tat er, wie seine Jünger mit Stolz erzählen, sein Alltagsgewand ab und zog neue Gewänder nach bestimmten kabbalistischen Auffassungen an. Am Ufer des Niles ließ er eine Hütte bauen und blieb dort Woche für Woche, fern vom weltlichen Getriebe; der Geist des Rabbi Simon ben Jochaj war bei ihm.

Jeden Freitag, da der Tag sich neigte, kehrte er heim, um die „Königin Sabbat" zu empfangen. Er empfing sie mit großer Freude. Sonst mied er jeden menschlichen

Verkehr und, wenn er sprach, selbst mit seiner Frau, geschah dies nur in der heiligen Sprache; für seinen Lebensunterhalt sorgte sein Schwiegervater.

In der einsamen Nilgegend fand er sein höheres Erlebnis, hier erkannte er Gott, und hier entstand auch seine Seelenlehre, auf die wir weiter, freilich nur insofern dies zur Beleuchtung und zum Verständnis unserer Geschichten dient, ausführlicher zurückkommen werden; Einheit und Harmonie zwischen Gott und der Welt zu schaffen, ist seiner Lehre Ziel.

So verbrachte er zwanzig Jahre in großer Abgeschiedenheit. Denn er schrieb — nach einer Äußerung des Elieser Askari, des Verfassers des „Sefer Charedim" — der Weltflucht („Hitbodadut") große Bedeutung für das Heil der Seele zu. 1569 ging er wieder in das „Heilige Land", und zwar nach Safed, der „heiligen Stadt" und dem Hochsitze der Kabbalisten.

Zunächst schenkten die dortigen Kabbalisten dem „Deutschen“ keine große Beachtung. Nach und nach aber sammelte er um sich eine Anzahl Jünger und bildete eine große Gemeinschaft, die „Chawraja Kadischa“. Er trug seine Deutungen zum Buche Sohar unter freiem Himmel vor, wandelte mit seinen Schülern immer wieder zu den Gräbern der Tanaiten und Frommen, wo er manche Andachtsstunde verbrachte und seiner Jüngerschaft wundersame Geheimnisse verkündete. Zu bestimmten Zeiten suchte er die Grabstätte des Rabbi Simon ben Jochaj in Meron auf.

Hier verkündete er das geheimste Geheimnis, zu welchem Behufe Gott die Welt erschaffen hatte und wozu ihm Mensch und Kreatur taugen; wie eine lange Kette zog er die Seelenschnur des ganzen Menschengeschlechtes vom Urbeginn des Entstehens und konnte einem jeden Menschen sagen, wer und was er in seinem früheren Dasein gewesen, welchen Namen er getragen und was er in dieser Welt noch zu erfüllen habe; er selbst trage die Seele des Machiachs ben Josef und kam hernieder, um das wahre Wort Gottes zu lehren und die Luft zu reinigen, damit der Maschiach ben David endlich zur Welterlösung erscheinen könne. Sah er einen Menschen an, durchschaute er alle seine Geheimnisse und was er von seiner ersten Wanderung an auf dieser Welt getan habe und noch tun werde. Auch unternahm er Kahnfahrten auf dem See Tiberias, um das Gemüt der Jünger zu erfreuen und ihnen die unendlichen Wunder der göttlichen Natur der Schöpfung zu zeigen.

Am 5. Ab 1572 erlosch dieser leuchtkräftige Stern, vom ganzen palästinänsischen Judentum betrauert. Die Pest raffte ihn hin. Seine letzten Worte waren: „Ich verzeihe jedem, der mich betrogen hat. Sollte ich jemandem Unrecht getan haben, so will ich in der letzten Stunde alles gutmachen.“

* * *

Es sei hier einiges aus der Seelenlehre Jizchak Lurjas auszugsweise wiedergegeben. Fundamental ist sein Glaube an die Macht der Selbstentscheidung des Menschen zwischen Gut und Böse nach eigener Wahl und nach eigener Tat, so lange er in der niederen Welt wandelt. Der Mensch wird in seinem Erdendasein durch die Tat zum Baumeister seines eigenen Schicksals. Die menschliche Seele spiegelt die enge Verbindung Gottes mit seinem Werke. Als Gott die Seele des Adam erschaffen hatte, erschuf er mit ihm die ganze Fülle der Seelen, welche im Laufe aller Zeiten, seit Urbeginn des Werdens bis ans Ende alles Seins, in die niedere Welt — es gibt eine „obere“ geistige und eine „niedere“ materielle Welt — kommen sollen. Auch die Seelen bloß niederer Stufen — die Kabbalah kennt bekanntlich drei Abstufungen der Seele: Nefesch, Ruach und Nashama — wurden damals erschaffen. Wenn die in der oberen Welt wartenden Seelen geboren sein werden, dann soll, so bestimmte es der Wille Gottes, als letzte die Seele des gerechten Erlösers, des Maschiach ben David, geboren werden, er wird erscheinen, wenn, wie es auch im Talmud (Jebamot 62a) heißt, alle Seelen in das leibliche Leben eingetreten sein werden. Dann wird das Reich Gottes auf die Erde versetzt und die Gegensätze Himmel und Erde, Geist und Materie und in einem höheren Sinne auch die des Guten und Bösen werden schwinden.

Durch die Sünde des von der Schlange verführten ersten Menschenpaares, Adam und Eva, trat eine Erschütterung in der Weltordnung ein, das Gute mischte sich mit dem Bösen, doch das Böse gewann Übermacht über das Gute, daher erhielten auch die Seelen böse Flecken. Als die Juden am Sinai die heilige Thora empfingen und sich ihr freien Willens unterwarfen, wurde die Unreinheit der Schlangensünde geläutert, das Gute gelangte wieder zur Macht. Gott bog die obere Welt zur Erde, der Mensch Moses bestieg den Himmel, und die Menschheit war wieder rein und makellos wie

Adam vor der Sünde. Doch es kam die Sünde des goldenen Kalbes. Das jüdische Volk brach die Treue, die Treue der „Gemahlin zu ihrem Gemahl“, was das Zerbrechen der beiden Steintafeln, der Zeugen des Bundes zwischen Gott und seinem Volke, zur Folge hatte. Wieder war eine Verwirrung zwischen Gut und Böse eingetreten. Die Juden erhielten ein Fünkchen des Bösen — es ist der böse Trieb, Jezer Hora, welcher in eines jeden Menschen Herz glimmt. Dieser böse Trieb wird im einfachen, im Alltag lebenden Menschen zum lodernden Feuerberg, er macht ihn in seinem Tun lässig, verlockt ihn zu allerlei sinnlichen Genüssen, gibt ihm die Begierde zu Mammon und Weib, bis er den niederen Leidenschaften anheimfällt, seine Seele kann daher, wenn sie den Leib verläßt, nicht in das Reich der ewig wahren Schönheit hinaufsteigen, um an der Seligkeit der oberen Sphären teilzunehmen. Doch der nach Vollkommenheit und Ganzheit strebende Mensch, der Zadik, läßt den bösen Trieb nicht wachsen, sondern strebt stets durch Heiligung des Leibes und Veredlung des Sinnes ihn auszurotten. Erst die messianische Zeit wird die Menschheit von dem ihr anhaftenden Bösen ganz reinigen und die Welt auf ihre Urordnung zurückbringen. Dieser Zeit muß aber eine vollkommene Sonderung von Gut und Böse im Schoße des jüdischen Volkes vorangehen, darum müssen alle Seelen Gilgulim, Wanderungen und Verwandlungen, durchmachen.

Hat ein Mensch in der niederen Welt seine Aufgaben gegen Gott und Menschen nicht erfüllt — jede Unbedachtsamkeit kann für ihn verhängnisvoll werden! — dann kehrt, wenn er stirbt, seine Seele nackt und leer heim — es sind dies die „Nechamat artilain“, die nackten, losgelösten Seelen des Sohar. Sie muß wieder in die niedere Welt, in das Tal des Leides wandern, in den Leib eines Neugeborenen kommen, um in ihrem neuen stofflichen Dasein die Entscheidung über Gut und Böse zu treffen; sie bedarf freilich auch der Gnade Gottes, um in ihrer neuen Wandlung den begangenen Fehler gut zu machen und nicht noch größere zu begehen, es könnte ihr sonst gar bei ihrer nächsten Wanderung noch schlimmer ergehen, indem sie, statt sich zu bessern, nur noch mehr sündige. Hat ein Mensch eine Sünde begangen und diese zu Lebzeiten nicht bereut, dann kehrt seine Seele schuldbeladen und verunreinigt heim und sie muß, ehe sie wieder die Wanderung in die niedere Welt antritt, die Qualen und die Pein der Hölle erdulden. Dann erst wandert seine Seele wieder ins Erdendasein, durch Mensch- und Tierleiber, durch Fluß, Holz und Stein, je nach der Sünde, die er zu bessern hat; daher das Brausen des Wassers, das Rauschen der Bäume und die Funken des Steines: auch diese Wesen leben, sie leben nach ihrer Weise und Art, die wir gewöhnliche Menschen nicht begreifen, während der ARJ sogar „ihre Sprache kannte“. Ein Mensch, der eine böse verleumderische Zunge hat, verwandelt sich in einen Stein, ebenso ein Rabbiner, der in seiner Gemeinde Streit anstiftet oder Uneinigkeit nicht beseitigt; ein gewalttätiger Gemeindevorsteher wandert in eine Biene; wer einen andern betrügt, in ein Lasttier; wer seine Hände nicht gewaschen, in Wasser. Wenn sie, es handelt sich freilich um die Seele eines Leichtsündigen, ihre Fehler gebüßt, die Strafe empfangen hat, dann geht sie zur ewigen Ruhe ein. Doch die Qualen und Mühsale der Hölle sind noch nicht die schlimmsten, denn viel schlimmer ergeht es der Seele des schwersündigen Menschen: sie findet nirgends Einlaß. So wandert sie unstet und ruhelos zwischen Meerestiefen und Wolken, über Sümpfe, Ruinen und Wüsten, bis sie nach langer Zeit in ein Tier oder einen sündhaften Menschen eindringt — es ist der Dybuk, ein Phänomen, dem bis heute von den modernen Seelenforschern keine Beachtung geschenkt wurde. Wohl der Seele, der es gelang, in einen Fisch oder in ein reines, „koscheres“ Tier einzudringen und von einem frommen Manne verzehrt zu werden, dieser gibt, wenn er den Segen spricht, der Seele Erlösung. Wehe aber derjenigen, die sich einem unreinen Tier anschließt oder wohl einem reinen, das aber bei der Zubereitung unrein wurde; sie findet keine Erlösung. Solche Seelen werden erst am Ende aller Tage erlöst, wenn der Ruf der großen Posaune von einem Ende der Welt bis zum andern widerhallen und der Herr der Heerscharen alle „Verstoßenen“ sammeln wird. Sogar die Seele eines Zadik muß eine Verwandlung erdulden, da auch sie von einer Beimischung des Bösen nicht frei ist: „Es gibt keinen Zadik auf Erden, der nur das Gute täte und ohne Sünde wäre.“ Doch seine Seele wandert gewöhnlich in den Leib eines frommen Mannes. Die jüdischen

Märtyrer in früheren Zeiten des Mittelalters, die dem Scheiterhaufen der Inquisition trotzten und mutig unter feindlichen Musikklängen und eigenen Lobliedern für ihren Glauben in den Tod gingen, hatten Seelen der Ahnen und Propheten, die Seele Abrahams, der für Gott den brennenden Ofen nicht scheute, Jizchaks, der sich als Ganzopfer auf den Berg Moriah bringen ließ, Jakobs, des Gotteskämpfers, Moses, des treuen Hirten, der das Himmlische mit dem Menschlichen vereinen wollte, Jesajas, des gewaltigen Sehers einer gottähnlichen brüderlichen Menschheit, Jeremias, des großen Dulders der Schmerzen seines Volkes, und schließlich die Seelen der „zehn Erschlagenen", der Opfer der römischen Verfolgung nach Niederwerfung des Bar Kochba-Aufstandes, darunter Akiba und seiner Gefährten usw. Das Seelenleben der Menschen gleiche dem Leben der Seefahrer. Alle Seelen der Leichtsündigen, der Schwersündigen und der Frommen wandern an felsigen Küsten über sturmgepeitschte See, um in den ersehnten Hafen zu gelangen. Der erste wird von den Wellen mitgerissen, er fällt in das Meer, doch gelingt es ihm nach schwerem Ringen sich zu retten, der zweite fällt in den Abgrund, der dritte entringt sich allen Gefahren.

Die Sünde eines Menschen, jeder Fehl in seinen Handlungen, verursachen eine Hemmung im Plane der Vorsehung und eine Verzögerung der Welterlösung. Infolge der menschlichen Sünde erhält ein neugeborener Leib nicht, wie es richtig wäre und eigentlich am Tage der Schöpfung vorgesehen war, eine neue, eben erst in den Morgentau der Ewigkeit getauchte Seele, sondern eine schon dagewesene, eine, die zu ihrem Heile eine Wanderung mitmachen muß. Der sündhafte Mensch hindert also eine der Geburt harrende Seele, in die niedere Welt zu treten, verursacht eine Stockung im Herniedersteigen der Seelen gemäß ihrer Bestimmung und verzögert dadurch das Erscheinen der Messiasseele.

In der Fülle von Güte und Gnade, die Gott unaufhörlich dem Menschengeschlechte spendet, hat er auch gegen dieses Übel ein Mittel gefunden, um die ihrer Geburt harrenden Seelen früher ihrer Bestimmung zuzuführen und so die Leiden zu verkürzen und die Erlösung zu beschleunigen: es ist der „Ibbur", die Seelenschwängerung. Hat eine Seele in der unteren Welt eine Tat aus irgend einem Grunde nicht erfüllt, so muß sie ins Erdenleben zurückwandern, sich der Seele eines lebenden Menschen anschmiegen, sich mit ihr vereinigen und eng zusammenschließen, um das Versäumnis nachzuholen. Ein lebender Mensch kann daher plötzlich, ohne befragt zu werden und ohne es zu ahnen, zu seiner angeborenen Seele noch eine andere hinzubekommen. Manchmal kommen Schwängerungen durch zwei, drei und vier Seelen vor. Die Seele eines Dahingegangenen, der im Erdendasein ein Werk unvollendet gelassen, kann sich mit der Seele eines Starken, der in der unteren Welt wandelt, verbinden, um gestützt durch ihn sein Werk zu vollenden. Oder umgekehrt: die Seele eines vollendeten, eines starken Menschen schließt sich einem Wankenden an, um ihm zu helfen, ihn aufzurichten und zum Ziele zu führen. Dies geschieht besonders, wenn der Wankende ein Sprößling großer Ahnen ist: die Verdienste seiner Ahnen leisten ihm dann Beistand. Auch können sich zwei schwache Seelen verbinden, um einander nach ihren Vorzügen und Fehlern zu ergänzen. „Erst wenn alle Gäste erschienen sind, kann der Fürst das Mahl beginnen", erst wenn alle Seelen ganz ihre Aufgaben erfüllt haben werden, wenn das Gute vom Bösen, die Wahrheit von der Lüge restlos geschieden ist, kann der Messias kommen.

Hierin ist auch das Geheimnis zu finden, warum Gott sein Lieblingsvolk Israel in alle Welt zerstreute. Wie die Seele des frommen

Juden für seinen mit Fehlern beladenen Gefährten bürgt und für seinen Nächsten die Verantwortung trägt, seine Seele daher nochmals eine Wanderung durchmachen und im Leibe eines Menschen die unreine Luft der niederen Welt ertragen muß, ebenso trägt das jüdische Volk Verantwortung für alle Nationen der Welt und ist dadurch das Märtyrervolk der Menschheit. Der Zweck der Galut ist also vor allem der, daß Israel alle die heiligen Funken, die innerhalb der Völker zerstreut sind, sammle und erhebe, und daß möglichst viele Seelen von Israel sich mit anderen verbinden und so durch seine Tugend und die sittliche Kraft, die seine Lehre in sich birgt, die Welt der Wirrnis, den Olam ha-Tohu in eine Welt der Ordnung, einen Olam ha-Tikkun umwandeln — dann erst wird Gott der Herr — denn auch die Welt selbst muß ihre Wandlung durchmachen — die ganze Menschheit und Kreatur erlösen und dem Endziele, dem großen Tag der Allversöhnung, entgegenführen.

DIE GEBURT

In Erez Israel, dem Heimatlande der Juden, wohnte ein Mann mit Namen Rabbi Salomo Lurja. Er war fromm und rechtschaffen und lernte und betete während des ganzen Tages im Bet-Hamidrasch.

Einmal enthüllte sich ihm am hellichten Tage der Prophet Elijahu und sprach zu ihm: „Salomo, sieh' her, ein Bote des Herrn bin ich, der Prophet Elijahu, der Name ist dir vertraut, und ich tue dir kund, daß deine Frau alsbald schwanger sein und einen Sohn gebären wird. Jizchak ist der Name, mit dem du ihn rufen sollst. Er wird die Juden aus den Händen der bösen Geister erlösen, die in dem Weltwirrsal wandelnden Seelen auf den richtigen Weg führen, die verborgenen Gedanken der Thora verkünden, das Buch Sohar deuten, und seines Namens wird alle Welt voll sein. Doch höre, Salomo, ich habe ein Verlangen: Ich will bei dem Neugeborenen Gevatter sein. Versprich mir, daß du ihn nicht beschneiden lässest, ehe ich dir erschienen sein werde.“ So sprach er und verschwand.

Rabbi Salomon saß stumm in Ergriffenheit, überwältigt von dem Zauber dieses wunderbaren Mannes und seiner süßen Stimme. Dann richtete er weinend und still ein Gebet an Gott: „Herr der Welt! Erfülle deine Verkündigung! Und sollte ich nicht würdig sein, dann tue es um deines Volkes willen.“

Abends ging er frohen Mutes nach Hause. Das Geheimnis aber enthüllte er keinem Menschen, selbst seinem Weibe nicht. Als die Zeit um war und seine Frau einen Knaben gebar, ward das ganze Haus voll Licht. Am achten Tage nach der Geburt wurde der Knabe in die Synagoge getragen, um in den Bund Abrahams aufgenommen und nach jüdischem Brauche beschnitten zu werden. Rabbi Salomo wartete auf das Kommen Elijahus. Er blickte nach allen Seiten, doch er sah nicht, den er suchte. Die Gemeinde aber sprach zu ihm: „Reiche den Knaben hin, daß er beschnitten werde.“

Er erwiderte: „Ich muß noch warten, bis alle meine Freunde und Anverwandten gekommen sind.“ Es währte fast eine Stunde – der Prophet Elijahu kam nicht. Da wurde Rabbi Salomo traurig. Er sagte sich: „Er kommt nicht, sicher habe ich durch irgendeine Sünde sein Erscheinen verwirkt“ und weinte in tiefem Schmerze. In diesem Augenblicke erschien Elijahu und sagte ihm: „Weine nicht, du wahrhafter Diener Gottes! Tritt hin zum Altar und hebe dein Ganzopfer; setze dich auf meinen Stuhl, ich aber will selber die Beschneidung vornehmen. Ich kam absichtlich spät, um mich zu überzeugen, ob du meinen Befehl befolgen wirst." Und nun nahm Elijahu den Knaben aus der Hand der Hebamme und beschnitt ihn; kein Mensch sah es, außer Rabbi Salomo. Als man den Knaben nach Hause brachte, war das Kind genesen und die Wunde so vernarbt, als wäre der Knabe vor vielen Jahren beschnitten worden.

JUGENDJAHRE

Jizchak wuchs auf und gedieh an Leib und Seele. Fünf Jahre alt lernte er die Schrift und im achten Jahre vermochte er schon, sich in den Talmud zu vertiefen.

Um diese Zeit verschied sein Vater, Rabbi Salomo. Es war ihm nicht beschieden, seinen Sohn großzuziehen.

Als die Tage der Trauer vorüber waren, sagte die Mutter zu ihrem Sohne: „Sieh' her, Jizchak, mein guter Sohn, ich bin eine arme Witwe und habe nicht die Möglichkeit, all die Bücher zu verschaffen, deren du zum Lernen bedarfst. Folge daher meinem Rat: „Ich will dich zu deinem Oheim nach Ägypten führen. Der wird es dir gewiß an nichts fehlen lassen und für alle deine leiblichen und geistigen Bedürfnisse Sorge tragen."

Da sagte der Knabe: „Ich bin bereit, deinem Wunsche zu gehorchen." So brachen sie eines Morgens auf und reisten nach Ägypten.

Der Oheim empfing ihn freudig und verwunderte sich gar sehr ob des scharfen Geistes seines Neffen.

Er bat den Rabbi Bezalel Aschkenasi, den Knaben in seine Schule aufzunehmen. Hier vervollständigte sich dieser in der Wissenschaft und nach Verlauf von zwei Jahren überragte er an Gelehrsamkeit alle Rabbiner Ägyptens, es war kein Gelehrter mehr im Lande, der ihm gleichkam.

DIE ERWECKUNG

Auf Anraten des Rabbi Bezalel Aschkenasi gab ihm der Oheim Mordechai Francis, der reiche Zollpächter, seine Tochter zum Weibe. Das Hochzeitsfest wurde mit allem Prunk gefeiert. Alle Rabbiner des Ägypterlandes, auch viele aus dem Heiligen Lande, eilten nach Kairo, um an Jizchaks Vermählung teilzunehmen und sein Herz zu erfreuen.

Eines Tages saß Jizchak wie gewöhnlich in der Synagoge und sah neben sich einen fremden Mann, der in einem fremden Buche las. Jizchak wandte sich hin und sah im Buche Zeichen tiefer Geheimnisse. Nach dem Gottesdienst fragte Jizchak den

Mann: „Ich bitte dich, was steht geschrieben in diesem Buche?“

Jener antwortete: „Ich will es dir sagen: Ein Maranne bin ich und des Lesens unkundig. Ich sah, wie ein jeder aus einem Buche betete. Da nahm auch ich dieses Buch — aus Scham legte ich es vor mich, damit die Leute nicht merken, daß ich nicht bete, jedoch weiß ich in dem Buche keinen Bescheid, und sein Inhalt ist mir verschlossen.“

Da sprach Jizchak: „Verkaufe mir das Buch, ich zahle dir jeden Preis und gebe dir noch ein Gebetbuch dazu.“

Der Fremde antwortete: „Geld nehme ich nicht, doch ein Anliegen an deinen Schwäher hätte ich, sprich du für mich, daß er es erfülle, und ich gebe dir das Buch.“

Jizchak versprach, sich bei seinem Schwäher dafür einzusetzen, daß er das Anliegen erfülle — es handelte sich um einen Nachlaß des Zolles — und erhielt jenes geheimnisvolle Buch. Es war der Sohar.

Von nun ab pflegte sich Jizchak in dieses Buch, „in dem sich ihm die geheime Wissenschaft wie ein klarer Quell offenbarte“, mit ganzer Inbrunst zu versenken. Er verstärkte sein Bemühen durch Kasteiungen und Fasten. Durch asketische Handlungen erreichte er es, daß ihm jede Nacht ein Traum kundgab, ob er diese oder jene Abhandlung im Buche Sohar wohl verstand; einmal träumte ihm, er habe sie gut gedeutet, ein andermal, daß er, um den tiefen Sinn zu ergründen, noch diese und jene Selbstpeinigung und Reinigung anwenden müsse. Er tat dies alles und kein Mensch wußte sein Geheimnis.

Nachher ging er nach Alt-Ägypten. Am Ufer des Nils bezog er ein einsames Häuschen und lernte Tag und Nacht in Heiligkeit und Reinheit. So bewirkte er, daß seine Seele Nacht für Nacht in die höheren Regionen aufstieg, wo man sie fragte, welches obere Lehrhaus sie betreten wolle, ob das Lehrhaus des Rabbi Eliesear des Großen, jenes Rabbi Akibas des Märtyrers oder die Jeschiba des Simon ben Jochaji, Verfasser des Sohar-Buches. Wohin immer sie kommen wollte, wurde sie geführt und große und furchtbare Geheimnisse offenbarten sich ihm. Und am Morgen, da er sich mit dem Leben verbündete, vergaß er all die Geheimnisse nicht und verkündete sie den Jüngern, die sich um ihn scharten. Er sprach bloß in der heiligen Sprache, bezwang seinen Leib und brachte es über sich, daß er nur von Sabbat zu Sabbat nach Hause ging.

Einmal enthüllte sich ihm der Prophet Elijahu und sprach zu ihm: „Jizchak, sei stark und tapfer in Erfüllung der Gebote, und ich verheiße dir, daß du dadurch den „Heiligen Geist“ erlangen wirst! Kein Geheimnis wird dir verborgen bleiben, und du wirst in der ganzen Welt bekannt werden.“

Eines Nachts, da seine Seele eben im Himmel, in der Schule des Rabbi Simon ben

Jochaj, weilte, sprach der Prophet Elijahu zu ihm: „Jizchak! Was hast du in diesem unreinen fremden Lande zu suchen? Ich verkünde dir, daß dir kein langes Leben beschieden ist und daß deine Tage gezählt sind. Geh' daher ins Heilige Land und lasse dich in der Stadt Safed nieder. Den Chajim Vital aus Damaskus sollst du berufen und ihn zu deinem Nachfolger erziehen, er ist ein auserwählter Mensch, und seine Seele trägt den Funken der Seele deines Meisters Rabbi Akiba, ihm sollst du dein Wissen offenbaren — denn um ihn zu lehren, bist du zur Welt gekommen."

IN DAS HEILIGE LAND

Am folgenden Morgen rüstete sich Jizchak zur Reise nach Safed, und einige Jünger folgten ihm, auch seine Schwiegereltern veräußerten ihr Hab und Gut und gingen mit. In Safed fand er eine große Kabbalistenschule. In der ersten Reihe saßen Rabbi Mose Kordovero und Rabbi Josef Karo. Wie er aber in Safed eintraf, war plötzlich alles Wissen von ihm gewichen. Er grämte sich darob sehr und schlief in seiner Betrübnis ein. Im tiefen Schlummer schaute er einen Mann, der ihm zurief: „Jizchak, warum schlummerst du? Erhebe dich und bete deinen Herrn an! Im Lande der Ahnen weht eine reine Luft, und all das Tun, das du vom Auslande brachtest, und all das Wissen, das du in der Fremde erworben hast, gilt hier nichts. Hier mußt du ein neues Leben beginnen! Nimm es dir wahrhaft vor, nach neuer Weise Gott zu dienen, du wirst dich dann nicht nur deines früheren Wissens entsinnen, sondern noch höhere Kraft und mächtigeres Wissen erwerben!"

Jizchak nahm es sich im Schlafe vor und erwachte jählings. Da fühlte er sich von neuer Kraft umgürtet. Der Heilige Geist, der Ruach Hakodesch, kam über ihn. Von nun ab verstand er die Sprache der Bäume, der Tiere und aller Geschöpfe, vermochte der Sprache der Engel zu lauschen und erkannte an dem Gesicht eines jeglichen Menschen, welche Seele in seinem Leibe wohne, ob die Seele auf der „Wanderung" sei und zum wievielten Male, zu welchem Behufe sie ins Erdendasein herniedergekommen sei und was sie in dieser Welt noch zu erfüllen habe. An seinem Tische verspürte man einen Balsamduft wie aus dem Garten Eden und man sah, wie beim Propheten Elisa, keine Fliege an seinem Tische. Er hörte jeden Ausruf im Himmel um ein jedes Ding; und am Jom-Kippor, dem Tage, da Gott der Welt Versöhnung gewährt und die Geschicke der Menschen bestimmt, pflegte er nach Torschluß in der Stunde, da die Sonne verging und die Schatten der Nacht sich ausbreiteten, zu zwitschern und wußte dann, wem der Tod und wem das Leben im künftigen Jahre beschieden war.

In jener Zeit aber hatte in Safed eben der bekannte Kabbalist Rabbi Mose Kordovaro einen schweren Kampf zu bestehen mit den Chizonim, den bösen Geistern und Dämonen, er konnte ihnen jedoch nichts anhaben, denn sie ließen ihn keinen „Schem“ niederschreiben, und er mußte daher den heiligen Namen sprechen. Wohl erreichte er dadurch sein Ziel — die bösen Geister fielen der Vernichtung anheim, doch erregte dies Mißfallen im Himmel, und es wurde beschlossen, ihn von seiner Tätigkeit in der niederen Welt abzuberufen. Als er erkrankte, versammelte er seine Jünger um sich und segnete einen jeden. Sie weinten und sprachen: „Herr und Meister, wer wird nach deinem Tode unser Lehrer sein?" Er antwortete: „In unserer Mitte wohnt ein großer Mann, er wird sich nach meinem Tode enthüllen und eure Augen in der Weisheit der Kabbala erleuchten, heget Ehrfurcht vor ihm und erweiset ihm Ehre, denn ein Funke des Rabbi Simon ben Jochaj lebt in seiner Seele. Wohl würde es euch dünken, er sei mein Gegner, achtet aber nicht darauf, denn wisset, alles ist von einem Hirten gegeben, alles sprudelt aus einem Quell, doch in den Tagen meines Lebens waren die Röhren verstopft, und ich konnte euch nicht alles kundtun; in seinen Tagen aber werden sich die Röhren öffnen, und die Weisheit der Kabbala wird die ganze Welt überfluten." Sie aber fragten weiter: „Und wer ist der Mann, der unser Meister sein wird? Wie sein Name?“ Er antwortete: „Ich habe nicht das Recht, seinen Namen mitzuteilen. Aber ein Wahrzeichen lasse ich euch: Wer vor meinem Sarg eine Wolkensäule aufsteigen sehen wird — der ist es, den Gott zu eurem Lehrer erwählt hat.“ Und nun verschied der heilige Meister, von all seinen Getreuen tief betrauert. Die ganze Gemeinde gab ihm das Geleite, und auch Jizchak folgte dem Sarge. Man wollte den Meister in der Reihe der berühmten Männer begraben. Da trat Jizchak vor und sprach: „Dieser Ort ist nicht die würdige Ruhestätte des Meisters, denn die Wolkensäule, die seinem Sarge vorangegangen, hat sich eben dort abgestellt“ und er wies mit dem Finger auf die Stelle.

Nun wußten die Schüler, wer des Meisters Nachfolger sei.

DIE KRAFT DES SEHENS

Von altersher war es in Safed Brauch, von Zeit zu Zeit zehn der größten Gelehrten zu wählen, die man „Vorgesetzte der Sünden“ nannte. Ihre Aufgabe war es, nach Sünder zu spähen und sie der Strafe zuzuführen. Auch der ARJ war ein „Vorgesetzter“.

Eines Tages wachte ein Vorgesetzter frühmorgens auf und öffnete, weil er zu den „Ersten Betenden“ gehörte, das Fenster, um zu sehen, ob schon die Morgenröte aufgegangen. Da sah er eine Frau in Schmuck und Putz aus ihrem Hofe kommen. Nun hüllte er sich schnell in sein Obergewand und eilte ihr nach, denn er wähnte, er habe eine Sünderin ertappt.

Sie schlenderte einem Hofe zu, in dem ein in Sachen des Ehebruches verdächtiger Mann wohnte. Der Vorgesetzte rief sogleich einige Männer herbei und wies sie an, in den Hof zu gehen und durch ihre Anwesenheit das sündhafte Paar an ihrem Tun zu verhindern.

Er aber begab sich in die Synagoge und ließ durch den Diener alle „Vorgesetzten" versammeln. Vor ihnen bezeugte er, was er mit seinen Augen gesehen. Da fiel ihm der ARJ in die Rede und sprach: „Verschließe deinen Mund und rede kein Übles von einer jüdischen Tochter; die Frau, die du gesehen hast, ist rein und jeder Sünde bar. Du sahst sie wohl in Schmuck und Putz in den „Hof" gehen: sie mußte hingehen. Es kam ein Mann aus dem Auslande und brachte Brief und Geld von ihrem Manne, der sich jetzt im Auslande befindet. Sie sandte ihren Diener hin, um das Mitgebrachte abzuholen. Der Ausländer ließ ihr aber sagen, er habe ihr noch ein Geheimnis ihres Mannes mitzuteilen, welches er keiner dritten Person anvertrauen darf. Sie ging daher in aller Dämmerung hin, damit sie niemand sehe."

Seine Kollegen gingen der Sache nach und erfuhren, daß der ARJ die Wahrheit gesprochen.

Da kam jener Vorgesetzte und sprach: „Verzeihe mir!"

Der ARJ darauf: „Meiner Verzeihung bedarfst du nicht; gehe hin zu der Frau, die du unschuldig verleumdet hast, und bitte sie um Verzeihung."

Seit diesem Tage wurde er als „Seher" bekannt.

DER FUCHS UND DER LÖWE

Von dem Tage an, da der ARJ nach Safed gekommen war, zog er Nacht für Nacht des Rabbi Chajim Vital Seele aus ihrer fleischlichen Hülle und redete mit ihr. „Rabbi Chajim," sagte er zu ihr, „warum kommst du nicht, um aus meinem Munde Thora zu empfangen? Kam ich doch auf die Welt, nur um dich Thora zu lehren!" Rabbi Chajim aber leitete damals die Kabbalistenschule in Damaskus.

Eines Morgens erhob sich Rabbi Chajim von seinem Lager und erzählte seinen Schülern: „Ein deutscher Weiser wohnt in Safed, er zog mir diese Nacht die Seele aus meinem Leibe und redete mir zu, daß ich zu ihm kommen und aus seinem Munde Thora empfangen solle." Er sprach vom ARJ fast mit Hohn, denn er hielt sich für den größeren Gelehrten und für kundiger in den gewundenen Gängen der Kabbala, auch hatte er bereits viele Bücher über Sohar verfaßt.

Eines Tages, da Rabbi Chajim an der Spitze seiner Schüler saß und ihnen Geheimnisse vortrug, war ihm eine Stelle im Buche Sohar unverständlich, und er konnte sie nicht deuten. Lange grübelte er vergeblich ihrem Sinne nach. Am zweiten Tage wußte er über eine andere Stelle keinen Bescheid und ebenso am dritten und vierten. Da sprach er zu den Schülern: „Wisset, ich habe Verlangen nach Safed zu gehen, um den ‚Deutschen' kennen zu lernen". Er reiste hin. Gleich nach seiner Ankunft erschien er vor dem ARJ. Der freute sich seiner sehr und erwies ihm große Ehre. Rabbi Chajim trug ihm die erste schwierige Stelle vor, der ARJ sagte ihm die Deutung, die zweite — er sagte ihm die Deutung, und vor den Augen Rabbi Chajims öffneten sich die Pforten des Lichtes; die dritte — „Bis hierher!“ sprach der ARJ „du bist an der Grenze angelangt, noch vermagst du nicht, weiter zu dringen.“ Da blieb Rabbi Chajim vor dem ARJ wie der Fuchs vor dem Löwen stehen. Dann entließ der ARJ seinen Gast. Rabbi Chajim ging mit einer großen Enttäuschung in seine Herberge und zog einen Sack um den Leib; den ganzen Tag über fastete, weinte und betete er vor Gott, daß er in das Herz des ARJ den Wunsch lege, ihn als Schüler aufzunehmen. Am Morgen kam er zum ARJ und flehte mit weinender Stimme: „Nehmt mich als Schüler auf, seid ihr doch auf diese Welt gekommen, um mich Thora zu lehren.“ Nun sprach der ARJ: „Drei Monate lang wartete ich in brennendem Verlangen, daß du zu mir kommest. Du kamst nicht und verursachtest mir großen Schmerz; in den Quell floß immer mehr frisches Wasser, und kein Gefäß war da, um es aufzunehmen. Ich sollte dich daher wegen deiner Hartherzigkeit in die Reihe meiner Schüler nicht aufnehmen. Doch deine gestrige Reue hat dies geändert. So will ich vor dir alle Pforten öffnen und dich das Licht der Kabbala in seiner ganzen Fülle schauen lassen."

Da fiel Rabbi Chajim zu Boden und rief: „Es lebe der König!"

Von diesem Tage an saß Rabbi Chajim wie ein junger Schüler vor dem ARJ und hörte seine Vorträge. Doch sein Sinn war schwach und kraftlos, und er vergaß stets all das, was er empfangen hatte. — Dies war die Strafe, weil er dem ARJ drei Monate lang durch sein Nichterscheinen Pein verursacht hatte. Rabbi Chajim weinte vor dem Meister unaufhörlich, daß er ihm helfen solle.

Eines Tages führte der ARJ seine Schüler nach Tiberias. Dort ließ er Rabbi Chajim aus dem Brunnen Mirjams trinken. Von da ab vergaß er nichts mehr. Auch gewann er die Weisheit, von den Gesichtern der Menschen ihre Vergangenheit und Zukunft, Glück und Mißgeschick, Frevel und Wohltat wie aus einem offenen Buche zu lesen.

DIE PRÜFUNG

Dennoch waren zwei Rabbiner, die an des ARJ Seherkraft nicht glaubten; die verabredeten sich, ihn auf die Probe zu stellen.

Sie gingen hin und fanden ihn vor einem Baum stehen. „Bist du der Seher," fragten sie ihn, „dem alles Tun der Menschen offenbar ist?" Er sprach in seiner Bescheidenheit: „Ich bin kein Seher."

Indes ging ein Mann vorbei und berührte versehentlich des ARJ Gewand. Der erbebte und sprach: „Gott möge es dir verzeihen, denn du hast mich zu mehrmaligem Tauchen verpflichtet."

Die Rabbiner liefen dem Manne nach

und sprachen zu ihm: „Erzähle uns, was du getan hast, daß der ARJ diese Worte redete.“ Er schämte sich, sein Geheimnis zu offenbaren, und er tat es erst, als die beiden Gelehrten ihm versprochen hatten, beim ARJ ein gutes Wort für ihn zu sprechen, daß er ihm eine Sühne vorschreibe. Der Mann sprach: „Wie soll ich mich rechtfertigen? Ich war diese Nacht trunken und wohnte meinem Weibe in ihrer Unreinheit bei.“ Da kehrten die Gelehrten zurück, führten den Mann hin und baten den ARJ um einen Tikkun für seine Seele.

Seither aber verließen die Rabbiner das Gemach des ARJ nicht mehr.

DIE DEUTUNG

Morgen", sagte einmal der ARJ zu seinen Jüngern, „werden wir einen Abschnitt im Buche Sohar lernen, der sehr schwer zu deuten sein wird. Daher denket ihm heute schon gründlich nach!" Sie antworteten und sprachen: „Wir werden es tun!"

Des Nachts sah ein jeder den Abschnitt gründlich nach. Als sie am Morgen ins Lehrhaus kamen, und einer dem zweiten seine Deutung sagte, da stellte es sich heraus, daß sie alle eine und dieselbe Deutung fanden, und keine Deutung stand der anderen gegenüber. Nun aber bedachten sie die Worte ihres Meisters: „Dieser Abschnitt ist sehr schwer zu deuten" und sie führten miteinander Unterredung: „Wie? hat der Lehrer diese Worte nutzlos gesprochen? Wollen wir daher den Abschnitt noch einmal bedenken!" Sie wiederholten die Stelle mehrmals, doch fanden sie keine andere Deutung als zuvor. Darauf erschien der Lehrer. „Seid ihr", fragte er, „in der Deutung einig, oder hat jeder von euch eine andere Auslegung?" Sie antworteten: „Wir sind alle in unserem Erfassen des Abschnittes einig." Da sprach der ARJ zum ältesten Schüler: „Deute!" und dann so fort bis zum Jüngsten. Der trug seine Deutung vor. Da kamen einige Vögel und gackerten lange. „Schweiget!" befahl der ARJ, seinen Blick auf die Jünger werfend, „schweiget, denn sehet her, diese Vögel, — es sind die Seelen der Frommen! Vom Garten Eden kamen sie eigens her, eure Deutung zu hören. Sie gefiel ihnen nicht und sie riefen euch zu: ‚Eure Deutung ist eine irrige!' Ich aber will euch den wahren Sinn des Abschnittes erklären." Und als er den Abschnitt zu

Ende gelesen, flogen die Vögel weg. Die Jünger sprachen nun: „Wir sind wahrlich blind und stumpf, wenn wir den wahren Sinn nicht gefunden haben.“ Darauf antwortete der ARJ: „Auch in der irrigen Deutung meiner Schüler sind viele wahre und erhabene Gedanken verborgen!“ und warf auf seine Jünger sanfte und liebevolle Blicke.

DER JÜNGLING UND DIE DÄMONIN

In den Zeiten des ARJ ereignete sich in der heiligen Stadt Safed eine entsetzliche Geschichte.

Einige Jünglinge lustwandelten außerhalb der Stadt in Flur und Gefilde. Plötzlich sahen sie vor einem Baume einen menschlichen Finger aus dem Erdboden ragen. Einige erschraken, andere waren beherzt und machten sich darüber gar lustig. Ein Schelm zog seinen Ring, steckte ihn an den aus der Erde ragenden Finger und sprach: „Geheiligt bist du mir nach dem Gesetze Moses' und Israels." Danach verschwand der Finger mit dem Ring. Nun wurden die Jünger von großem Entsetzen befallen und eilten nach Hause. Sie verabredeten aber, daß kein Mensch davon erfahren solle.

Es vergingen Jahre; die Jünglinge hatten diese Geschichte bereits vergessen, und der Jüngling, der den Ring an den aus der Erde ragenden Finger gesteckt hatte, verlobte sich mit einem Mädchen aus einem sehr vornehmen und reichen Hause. Am Hochzeitstage, da eine große Gemeinde, Männer und Frauen, versammelt war, um das Brautpaar zu erfreuen, mischte sich eine Frau unter die Menge und rief unaufhörlich: „Welchen Fehler fand denn der Bräutigam an mir, daß er eine andere Frau ehelichen will, bin ich doch bereits seit langer Zeit ihm angetraut.“ Zuerst wähnte man, die Frau habe den Verstand verloren, und man versuchte daher, sie hinauszuwerfen. Sie wehrte sich aber mit ungewöhnlicher Kraft, zog einen Ring von ihrem Finger, hob ihn hoch und schrie: „Recht soll zwischen uns gesprochen werden! Ich töte sonst den Bräutigam samt der Braut“ und sie ballte ihre grobe Faust gegen das Angesicht der Braut. Da gestand der Bräutigam die Wahrheit, und auch die Jünglinge, die als Festgenossen gekommen waren, entsannen sich der Sache. Also wandelte sich die Freude des Festes in tiefe Trauer. Der Brautvater beeilte sich, seine Tochter nach Hause zu führen, die tobende Frau blieb mit dem Bräutigam und einigen seiner Verwandten.

Als der ARJ davon erfuhr, sandte er seinen Diener um den Bräutigam. „Willst du", sprach er leise zu ihm, „die Dämonin heiraten oder nicht?" Er antwortete, am ganzen Körper zitternd: „Ich will sie nicht heiraten."

Nun sandte der ARJ den Diener und lud die Dämonin vor den Richterstuhl. Der Diener ging hin, suchte nach dem Weibe, kam zurück und meldete: „Ich fand sie nicht!" Der ARJ aber sprach: „Sie hat sich im Hochzeitshause versteckt, gehe daher nochmals hin, stelle dich vor die Leiter, die auf den Dachboden führt, und rufe: „Ein

Bote des ARJ bin ich. Er lädt dich vor seinen Richterstuhl. Wenn du nicht erscheinen wirst, wird er dich und deine ganze Familie in den Bann legen."

Der Diener ging hin und tat, wie der ARJ ihm befohlen.

Nun stieg das Weib von der Dachkammer herunter und ging stumm und traurig dem Diener nach.

Als sie vor den ARJ kam, fuhr er sie an: „Was hast du mit diesem Jüngling, dem Menschensohn? Geh hin und verbinde dich mit einem Dämon, einem Manne deines Geschlechtes."

Sie aber sprach: „Ist dies Gesetz und Ordnung, sich, nachdem man von einem Manne getraut wurde, einem anderen Mann hinzugeben?"

Der ARJ erwiderte: „Dieses Mannes Gelöbnis war ein irriges; er sah dein Angesicht nicht, wußte nicht, daß du eine Dämonin bist, und nur zum Scherze steckte er den Ring an deinen Finger."

Die Dämonin ließ sich jedoch nicht abweisen, suchte in einer langen Antwort zu beweisen, daß von Rechts wegen der Jüngling ihr Gemahl sei.

Da schrie sie der ARJ an: „Ich befehle, daß du den Scheidungsbrief nehmen sollst, ich werde dich sonst in den Bann legen."

Da hörte man ein tiefes Schluchzen.

Der ARJ ließ den Schreiber kommen. Dieser schrieb den Scheidebrief, und der Jüngling reichte ihn ihr in die Hand.

Nun beschwor der ARJ die Dämonin, daß sie dem Brautpaare und seinen Angehörigen kein Böses tue und daß sie sich eiligst davon mache und zu den Ihrigen gehe.

Erst dann wurde die Hochzeit abgehalten und der ARJ vollzog selbst den Trauungsakt.

DER ANGEBER

Kennt jemand von euch", fragte einmal der ARJ, den Vortrag unterbrechend, seine Schüler, „den Denunzianten Nachum?"

Sie antworteten: „Wir kennen ihn! Sein Name möge vertilgt werden!"

„Bringet mir", befahl der ARJ, „ein Netz!"

Man brachte ein Netz. Der ARJ stellte es in einen Winkel, und man sah gleich eine Maus in das Netz springen.

In aller Gegenwart sprach der ARJ: „Als du ein Angeber und Denunziant warst, was dünkte es dir? Vielleicht, daß kein Richter und kein Recht ist?"

Da jammerte die Maus, und die Gemeinde hörte, wie sie in Wehklage rief: „Heiliger, bete zu Gott, daß ich von den Leiden der Wanderung erlöst und in die Hölle geführt werde.“

Der ARJ antwortete: „Hinaus, du bist noch nicht einmal rein und würdig, selbst in die Hölle zu kommen.“ Nun öffnete er das Netz und alle sahen, wie die Maus betrübt in ihr Loch schlich.

DER SPRUDELNDE QUELL

Der ARJ schlief einmal wie gewöhnlich zu Mittag, und sein Jünger Rabbi Aron Brochim stand neben ihm. Der sah, wie sich die Lippen des Meisters bewegten, und er neigte sein Ohr, um die Worte des Lehrers abzulauschen. Indessen erwachte der ARJ und sah Arons Haupt über sich geneigt. Der Jünger erschrak und sprach: „Verzeihe, Meister, ich sah deine Lippen sich bewegen und neigte mein Ohr, um deine Worte zu hören.“ Da lachte der ARJ. Dann sprach er freudig: „Wenn du wüßtest, welche tiefe Geheimnisse meine Seele in der vergangenen Nacht in bezug auf die Geschichte von Bileam und seinem Esel empfangen hat! Himmel und Erde rufe ich zu Zeugen an, würde ich unter euch achtzig Jahre leben, ich könnte es euch nicht sagen." Rabbi Abraham sagte: „Warum verfassest du kein Buch?" Er antwortete: „Es ist nicht möglich, weil alles miteinander verbunden ist. Öffne ich meinen Mund um vorzutragen, dann ist es, als würden sich die Schleusen des Meeres öffnen und alles überfluten. Ich muß euch daher wie durch eine kleine dünne Röhre die Lehre zuführen, daß ihr sie empfanget und nicht, wie ein Säugling durch den Überfluß an der Muttermilch, ersticket. Nun sage selber: Wie soll ich ein Buch verfassen und wie soll ich euch all das sagen, was meine Seele empfangen hat?"

DAS WERK

Samuel Ozidah war ein einfacher Mann und pflegte häufig in des ARJ Haus zu kommen. Als er eines Tages in Sabbatgewändern erschien, erhob sich der ARJ vor ihm, wies ihm einen Platz ganz oben an und unterhielt sich lange mit ihm. Die Schüler verwunderten sich darob sehr. Als Ozidah wegging, fragte Rabbi Chajim den Meister: „Warum hast du ihm heute mehr Ehre als sonst erwiesen?“ Er antwortete: „Nicht vor ihm erhob ich mich, sondern vor Rabbi Pinchas ben Jair, der ihm wegen eines Werkes, das er heute getan hat, das Geleite gibt.“ Rabbi Chajim lief Ozidah nach und holte ihn ein. „Ich beschwöre dich," sprach er zu ihm, „daß du mir sagst, was für ein Werk du heute getan hast." Dieser antwortet: „Ich ging des Morgens wie gewöhnlich in die Synagoge und vernahm eine weinende Stimme. Ich kehrte ins Haus zurück um zu sehen, was dies sei, und erfuhr, daß die Leute des Nachts bestohlen wurden. Ich zog darauf meine Gewänder aus und gab sie ihnen und alles Geld, das ich hatte, dazu." Da küßte ihn Rabbi Chajim auf das Haupt und segnete ihn.

Nun wußte er, warum der ARJ ihm Ehre erwiesen.

DAS HIMMLISCHE URTEIL

Inmitten eines Vortrages, da die Jünger saßen und des Meisters Worten ehrfürchtig lauschten, unterbrach sich plötzlich der ARJ und rief: „Schweiget!“ Er hielt eine Weile inne, als lauschte er einem Gespräche und sagte dann: „Gepriesen sei der Richter der Wahrheit!“ Auf die Frage der Jünger, was dies zu bedeuten habe, erzählte er ihnen folgendes: „Ich habe einen Ruf im Himmel gehört, es werde in die Gaue von Safed eine Heuschrecke kommen, die alles Gras und alle Frucht der Erde fressen wird. Und dies eines armen Mannes wegen, Altaras, dies sein Name, der soeben im Kämmerchen sitzt und ob seines Mißgeschickes gegen Gott Klage führt. Und der Ewige, sein Name sei gepriesen, kann seinen Zorn gegen Altaras Nachbarn nicht beherrschen, die es wohl wissen, daß der Arme kein Brot im Hause hat, und sich seiner dennoch nicht erbarmten. Darum wurde das Urteil verhängt. Nun sammelt um Gottes willen unter euch einiges Geld und bringt es dem Armen hin; er soll dann zu Gott beten, daß sich sein Entschluß wende und das Urteil zunichte mache." Die Schüler sammelten sogleich fünf Gulden und sandten einen Gefährten, um ihm das Geld zu übermitteln. Der fand ihn auf der Erde liegend, weinend und jammernd. Er fragte ihn: „Warum jammerst du also?" Der Arme antwortete und sprach: „Wie denn? Soll ich ob meines harten Geschickes nicht weinen? Ich bin Wasserverkäufer, lebte auch bis jetzt kümmerlich und dürftig und lobte doch den Himmel dafür. Nun aber sind mir heute die Fässer und Krüge zerbrochen, und ich habe kein Geld, andere zu kaufen. Darum führe ich vor Gott Klage und frage: ‚Bin ich denn der Schlechteste in der ganzen Welt, daß ich von der Vorsehung so arg behandelt werde?'" Nun wußte der Schüler, daß die Worte des Meisters wahr seien. Er gab ihm die fünf Gulden und sprach: „Deinetwegen ist ein schweres Unglück über die Einwohner der Gaue Safed im Himmel beschlossen worden; nun verzeihe uns und bete zu Gott, daß er das Verhängnis wende." Der Arme streckte sich wieder auf den Boden hin und weinte vor Gott, daß er das böse Urteil zunichte mache.

Indessen saß der ARJ in der Lehrstube und fuhr in seinen Deutungen fort. Plötzlich ward es finster und die Jünger sahen ein gewaltiges Heer von Heuschrecken heranziehen. Sie hatten große Angst. Der ARJ aber sagte: „Fürchtet nichts, denn schon hat der Arme das Unrecht verziehen und das Verhängnis ist vernichtet." Da kam ein Sturmwind und trug die Heuschrecken von dannen, daß im ganzen Gau Safeds keine einzige verblieb. Von jenem Tage an wendete man diesem Armen besondere Aufmerksamkeit zu.

DER ANBLICK DER SCHECHINA

Einmal sprach der ARJ zu Rabbi Abraham Ha-Levi: „Wisse, Abraham, deine Tage sind gezählt, und du wirst nicht mehr lange leben. Doch tut es mir um deine Kinder leid, und ich will dir einen Rat geben, so daß du noch zweiundzwanzig Jahre leben kannst. Geh' nach Jerusalem und bete dort vor der Klagemauer.“ Rabbi Abraham ging nach Hause, schloß sich drei Tage und drei Nächte in eine Kammer ein und weinte vor dem Allmächtigen, daß er sich seiner erbarme. Dann aber fuhr er nach Jerusalem und betete vor der Klagemauer. Da sah er an der Wand die Gestalt eines trauernden

Weibes in schwarzen Gewändern. Er warf sich zu Boden, raufte sein Haar und erhob tiefe Klage: „Weh' mir, daß ich dich in dieser Gestalt gesehen.“ Er weinte lange, bis er einschlief. Im Traum erschien ihm die Schechina in gar herrlichen Gewändern und sprach zu ihm: „Tröste dich, mein Sohn Abraham, ich verspreche dir eine gute Zukunft und auch meine in aller Welt zerstreuten Kinder will ich heimbringen.“

Er erwachte und kehrte sogleich nach Safed zurück.

Als Rabbi Abraham vor den ARJ kam, empfing ihn dieser mit freudigem Antlitz und sprach: „Ich erkenne an deinem Antlitz, daß du die Schechina gesehen hast. Und nun kannst du sicher sein, daß du noch zweiundzwanzig Jahre leben wirst.“

DER REUMÜTIGE

Inmitten eines Vortrages hob der ARJ zu lachen an. Die Jünger fragten ihn: „Meister, was bedeutet dieses Lachen?“ Er antwortete: „Ein reicher Mann aus Konstantinopel ist auf dem Wege, um mich zu prüfen. Wenn er hier eintrifft, begegnet ihm mit Achtung und erweiset ihm alle Ehren, denn er trägt die Seele des israelitischen Königs Achab in seinem Leibe.“

Als der Mann in Safed eintraf, erwies ihm der ARJ große Ehre. Er aber sprach zum ARJ: „Wenn Ihr erkennen werdet, welche Sünden ich getan habe, so werde ich sie bereuen, wahrhafte Buße tun und jede Strafe auf mich nehmen, sonst aber bleibe ich bei meiner Überzeugung, daß es kein Recht und keinen Richter gibt.“ Darauf befahl der ARJ seinen Jüngern das Bet-ha-Madrasch zu verlassen, um den Mann nicht zu beschämen. Nun aber las er ihm wie aus einem Buche alle Sünden vor, so daß er in Erkenntnis der Wahrheit an allen Gliedern zitterte. Er sprach: „Heiliger! Es ist alles wahr, und ich will Buße tun und meine Sünden sühnen.“

DIE STRAFE

Eines Tages saß der ARJ und deutete eine Sohar-Stelle. Plötzlich unterbrach er die Deutung und sprach: „In diesem Satze steckt ein tiefer geheimer Sinn, es ist aber eine Sache der Lebensgefahr, ihn mitzuteilen.“ Die Jünger jedoch setzten dem Meister so lange zu, bis er die Deutung vollendete und ihnen den geheimen Sinn überlieferte.

Dann aber sprach er: „Seht her, ich habe euch gesagt, daß es gefährlich ist, wenn ich den geheimen Sinn dieser Soharstelle offenbare. Ihr aber gabet mir keine Ruhe. Schon höre ich im Himmel die Strafe verkünden: Dein Sohn Moses wird innerhalb von sieben

Tagen sterben.“ Der Meister ging sofort nach Hause und fragte nach dem Knaben. Seine Gattin sagte: „Er kam vor einer Weile aus der Schule und klagte über Kopfschmerzen.“ Der ARJ ging in das Kinderzimmer und sah, daß sein Sohn furchtbar fieberte. Doch er sprach kein Wort, denn er wußte, daß nichts mehr abzuwenden war.

Als der Knabe dahinschied, kamen die Jünger in große Unruhe und Verlegenheit und schämten sich, vor ihrem Meister zu erscheinen. Er aber ließ sie zu sich kommen und sprach zu ihnen: „Wähnet nicht, daß ich um den Tod meines Kindes vor euch etwas verheimlichen werde; selbst wenn es sich um das Leben aller meiner Kinder handeln würde, ich müßte euch alles offenbaren.“

Darauf fielen die Jünger vor seine Füße und weinten lange.

DAS HEMMNIS

An einem Freitag war Sabbatempfang, wandelte der ARJ wie gewöhnlich mit seiner Jüngerschaft im Felde und empfing den Sabbat durch viele Psalmen und Loblieder. Plötzlich sprach er: „Genossen! Wollet ihr den Sabbat in Jerusalem feiern?“ Einige der Jünger erwiderten: „Wir wollen es!“ Andere aber sagten: „Wir möchten es früher unseren Frauen mitteilen!“ Da wurde der ARJ sehr bestürzt und sprach: „Ihr habt die Erlösung vereitelt. Jetzt war ein Augenblick des Erbarmens und der Gnade, und wäret ihr alle eines Willens gewesen, nach Jerusalem zu gehen, das Volk wäre erlöst worden!“

ZAUBEREI

Einmal saß der ARJ mit seinen Jüngern im Felde und trug ihnen die Lehre vor. Plötzlich unterbrach er den Vortrag und sprach: „In das Haus des Malkiel sind zwei dämonische Frauen, geziert nach Hurenart, getreten. Dort lernen zwei Jünglinge. Glaubt ihr, daß die Thora sie beschützen wird? Nein, sie werden verführt. Ich könnte sie durch ein einziges Wort retten. Doch ich will mich um sie nicht kümmern, denn sie befassen sich mit Zauberei und verunreinigen dadurch das heilige Gefäß ihres Hauptes. Da heißt es: „Kommt einer um sich zu verunreinigen — man öffnet ihm die Pforte."

Die Jünger gingen der Sache nach, und erfuhren, daß der Meister im Rechte sei.

DIE ARMEN GESCHÖPFE

Hinaus!" fuhr der ARJ einmal einen Lieblingsschüler jäh an.

Der ging hinaus und fühlte sich an diesem Tage wie ein Geächteter, ein in Bann Gelegter. Er war sehr niedergeschlagen und ahnte gar nicht, wodurch er das Wohlwollen des Lehrers verwirkt hatte.

Am folgenden Tage kam er zum ARJ und bat weinend: „Ich bitte Euch, sagt mir, welche Sünde ich begangen, ich will sie bereuen und Buße tun."

Der ARJ antwortete: „Die Hühner in deinem Hause sind seit drei Tagen ohne Nahrung, dafür wurde im Himmel der Bann über dich verhängt. Wenn du mir versprichst, künftighin die armen Geschöpfe täglich vor dem Morgengebete selber zu füttern und diese Arbeit nicht deinem Weibe zu überlassen, so will ich den Bann aufheben."

Der Schüler versprach es und der Meister erwies ihm wieder seine Gunst wie vorher.

DAS ZEICHEN

Rabbi Mose Alscheich fragte einmal den ARJ: „Was ist meine Sünde, daß du mich nicht in deine Gemeinschaft aufnehmen willst und mich von dir verstoßest?"

„Ich habe es dir", antwortete der ARJ, „schon einmal gesagt, du bist auf diese Welt gekommen, die Lehre nach dem einfachen Sinn zu deuten. Den Weg des Geheimnisses bist du schon in der ersten Erdenwanderung deiner Seele in der Gestalt des Rabbi Chuzpat Hamtorgaman, zu Ende gegangen. Glaubst du mir es nicht, dann tue folgendes: Ich und meine Schüler gehen morgen wie gewöhnlich in die Felder, um dort den Sabbat zu empfangen. Komme auch du hin. Wirst du uns sehen, dann wirst du wissen, daß ich dich nicht verstoße. Wirst du uns aber nicht sehen, dann wisse, daß dir der geheime Weg in deinem jetzigen Dasein verschlossen bleiben muß, und wirst nach ihm kein Verlangen mehr haben."

Rabbi Mose Alscheich gefielen diese Worte wohl. Am Freitag Vormittag kaufte er alles für den Sabbat ein, zog dann die Sabbatgewänder an und ging an den Ort, wo der ARJ und seine Jünger Woche für Woche den Sabbat in Freude und Heiligkeit empfingen. Hier wartete er auf den ARJ, um in seiner Gemeinschaft den Sabbat zu empfangen. Plötzlich wurde Rabbi Mose vom Schlummer überwältigt und schlief ein.

Indessen kam der ARJ mit seinen Jüngern, und wie er Rabbi Mose im Schlafe fand lachte er sehr und sprach: „Nun wird er mir schon Ruhe geben!"

Er empfing den Sabbat und stimmte viele Loblieder und Psalmen an — Rabbi Moses schlief und rührte sich nicht.

Als der „Dienst“ fertig war, rüttelte der ARJ an dem Leib des Schlafenden und rief: „Rabbi Mose, stehe auf!“

Der erwachte und sah sich bestürzt um. „Den ganzen Tag über“, sprach Rabbi Moses, „wartete ich auf dich; plötzlich aber befiel mich ein Schlummer.“

„Nun hattest du ein Zeichen,“ sprach der ARJ, „daß dir der Weg des Geheimnisses verborgen bleiben muß, du wirst jedoch, das verspreche ich dir, auf dem offenen Wege zu deinem Ziele gelangen.“

DIE URSACHE

Der ARJ reiste einmal nach Akko. Ein sehr vornehmer und reicher Mann lud ihn in sein Haus und erwies ihm große Gastfreundschaft. Ehe er abreiste, sprach der ARJ zu seinem Gastgeber: „Wie soll ich dir die große Gastfreundschaft vergelten, die du mir erwiesen hast? Ich will deine Mühe nicht mit bloßem Dank bezahlen." Der Mann antwortete: „Seht her, meine Frau hatte mir drei Söhne geboren und wurde dann unfruchtbar. Mein bester Lohn wäre es daher, wenn ihr meiner Frau ein Heilmittel geben würdet, daß sie wieder fruchtbar werden könnte." Da sprach der ARJ: „Ein Arzt vermag nur dann ein wirksames Heilmittel zu geben, wenn er die Ursache der Krankheit kennt. Nun höre, warum deine Frau unfruchtbar geworden ist: In deinem Hause stand bei der Hühnersteige ein Leiterchen, und die Küchlein pflegten daran aus ihrem Häuschen hinabzusteigen, um Wasser aus dem Bächlein zu trinken. Einmal aber ließ deine Frau das Leiterchen wegnehmen. Sie tat es nur zum Zwecke der Reinlichkeit und es war nicht ihre Absicht, den Küchlein Böses zu tun. Die Küchlein aber können seither nicht hinabfliegen, um ihren Durst zu stillen, und ihre Klage steigt jedesmal, wenn sie es versuchen und nicht trinken, zum Himmel. Und da sich der Herr, gelobt sei sein Name, aller seiner Geschöpfe erbarmt, so hat er deine Frau mit Unfruchtbarkeit bestraft: ‚Wenn du dich nicht der Küchlein erbarmst, so darfst du keine Kinder gebären.' Das ist die Ursache der Unfruchtbarkeit! Gib die Leiter an ihre Stelle, dann wird deine Frau wieder fruchtbar werden."

DER RAT

Ein heiliger und gelehrter Mann, Schüler des Rabbi Moses Kordovero, war einmal beim ARJ. Der empfing ihn sehr freundlich. Beim Mahl bemerkte der ARJ, daß der Gast die Speise kaum anrührte: „Warum", fragte er, „ißt du so wenig?" Der antwortete; „Weil ich krank bin; es ist schon längere Zeit her, daß ich an den Schultern große Schmerzen leide."

Der ARJ warf einen Blick auf ihn und sprach: „Das ist wohl die Strafe, weil du zwischen dem ‚letzten Handwaschen' und dem Tischsegen eine Unterbrechung eintreten läßt." „Es ist wirklich so," sprach der Schüler, „es ist mein Brauch nach dem

‚letzten Handwaschen' einen Abschnitt Mischnajot zu lernen und nachher erst den Tischsegen zu sprechen." „Und weißt du," sagte ARJ, „warum dich gerade die Schultern schmerzen? Darum, weil du das Wort der Weisen, die lehrten: ‚Gleich nach dem Händewaschen soll der Segen gesprochen werden', übertrittst. Das Wort ‚Tekef', — ‚gleich' — enthält dieselben Schriftzeichen wie das Wort ‚Katef' — ‚Schulter'." —

Der ARJ gab ihm den Rat, daß er von nun ab das Wort der Weisen beachten solle, und versprach ihm, er werde keine Schmerzen haben.

DIE TREUE

Zum ARJ kam einmal ein junger Mann, der längst heiratsfähig war, aber keine Frau finden konnte. Der ARJ sprach zu ihm: „Geh nach Ägypten und bleibe einige Wochen dort; man wird dir viele Heiratsangebote machen, du aber folge ihnen nicht. Erst wenn man dir zur Ehe eine Frau vorschlagen wird, die zweihundert Golddinare ihr eigen hat — diese ist deine Gefährtin, vom Himmel dir zum Weibe beschieden."

Der junge Mann reiste nach Ägypten. Schon in den ersten Tagen, da er dort weilte, trug man ihm viele und reiche Partien an, er schlug sie alle ohne weiteres aus. Die Heiratsvermittler hatten schon die Lust verloren, ihm weitere Anträge zu machen. Erst nach einigen Wochen kam wieder ein Heiratsvermittler und fragte ihn, ob er eine Frau mit zweihundert Golddinaren heiraten möchte. Er willigte sogleich ein und ehelichte sie alsbald. Die beiden liebten einander sehr. Doch das Glück währte nicht lange. Nach einem halben Jahre starb die Frau. Der junge Mann erhob um sie große Klage. Darnach reiste er nach Safed zum ARJ und weinte vor ihm ob seines großen Verlustes. Der aber lachte. „Trauere nicht," sprach er, „denn sieh her, deine Frau war im ersten Erdendasein ein Mann, der an deinem Geschäfte teil hatte. Er veruntreute nach und nach Geld aus dem Gemeinschaftsvermögen; zweihundert Golddinare betrug dein Schaden. Deshalb ist seine Seele nochmals ins Erdendasein gewandert und hat die Gestalt einer Frau angenommen. Sie hat sich mit dir durch die Ehe vereint. Diesmal hat sie dir die Treue gehalten, dir sogar die zweihundert Golddinare bezahlt.

Nun ist die Seele wieder rein. Dir aber verheiße ich eine gute Ehe und eine glückliche Zukunft. Dadurch daß du meinem Rate folgtest, hast du die Seele erlöst."

DES KÖNIGS TRAUM

In den Zeiten des ARJ hatte der König eines fernen Landes den Juden befohlen, an seine Schatzkammer eine sehr große Summe abzuführen. Er bestimmte eine Frist von drei Monaten. Und also lautete das Wort des Königs: „Wenn die Juden bis zu dem festgesetzten Tage das Geld nicht erlegen, haben sie, bei sonstiger Todesstrafe, das Land zu verlassen."

Königliche Eilboten brachten den Befehl in alle Lande, in denen des Königs Wort Kraft hatte; und überall war man entschlossen, die Juden, falls sie das Geld nicht rechtzeitig erlegten, zu vertreiben. Nun war aber die Summe, die der König forderte, so hoch, daß kein vernünftiger Mensch glaubte, die Juden würden dieselbe auftreiben können.

In allen Orten des Landes, wo Juden wohnten, herrschte große Trauer; man ordnete Fasttage an und richtete inständige Gebete zu Gott.

Doch der Herr der Heerscharen läßt sein Volk nicht zuschanden werden und bevor er über dasselbe schweres Leid und Bedrängnis verhängt, bereitet er auch die Hilfe.

Die Juden dieses Landes hatten schon seit langer Zeit von Rabbi Jizchak Lurja, dem furchtbaren göttlichen Kabbalisten im Heiligen Lande, vernommen, und es kam zu ihnen die Kunde von den wundersamen Dingen, die durch das Wort seines Mundes geschehen. Sie beratschlagten daher, nach Safed, der Stadt, wo der göttliche Mann Gottes Wort aus dem lebendigen Quell schöpfte, Boten zu senden, daß er Erbarmen des Himmels für sie erflehe.

Die Boten nahmen viel Geld mit sich,

damit es ihnen auf dem weiten Wege an nichts ermangle, und traten die Reise an.

An einem Freitag erreichten sie Safed. Trotzdem sie noch keine Speise zu sich genommen hatten, und auch von der langen Reise ermüdet waren, säumten sie nicht, das Haus des Heiligen aufzusuchen, da das Leben tausender Juden auf dem Spiele stand. Sie begegneten einigen Juden, die gerade zum Hause des ARJ eilten, und fragten: „Wo wohnt der Rabbi?“ und diese geleiteten sie hin. Der ARJ trug bereits das weiße Sabbatgewand — denn es war sein Brauch, den heiligen Tag in Wonne und Freude lange vor Sonnenuntergang zu empfangen — von seiner heiligen Jüngerschaft umgeben. Sein Antlitz leuchtete wie die Sonne, er erschien den Abgesandten wie ein Engel des Herrn Zabaoth, und sie hatten Angst ihm nahe zu kommen. Ein Schauer überkam sie und sie wollten sich zurückziehen. Der ARJ aber sprach zu ihnen: „Was ist es, das euch hiehertrieb, und was begehret ihr von mir?“ Sie erwiderten leise: „Es lebe unser Herr, Lehrer und Meister! Eine Zeit der Not ist für Israel gekommen, und wir eilten aus fernem Lande zu dir, heiliger Mann, daß du deine Stimme erhebest und das furchtbare Verhängnis wendest.“ Sie erzählten ausführlich den ganzen Sachverhalt, und Tränen entströmten ihren Augen. Rabbi Jizchak antwortete ihnen mit weicher, zarter Stimme: „Der heilige Tag des Sabbat sei nicht die Zeit des Trauerns! Bleibet, Brüder, bei mir über den Sabbat und nach Sabbatausgang werdet ihr sehen, wie nahe Gottes Hilfe ist! — Indessen werden wir den Sabbat in Freude empfangen.“ Er sprach einige Worte des Trostes an sie und richtete ihr Gemüt auf.

Am Sabbatabend, sogleich nach der Habdalah, hieß der ARJ seine Jünger einen festen Strick nehmen, dann sprach er zu ihnen und zu den Abgesandten: „Kommet mit mir!“ Sie gingen eine lange Strecke. Außerhalb der Stadt auf freiem Felde angelangt, sprach er: „Bleibet stehen!“ Er wies auf eine tiefe Grube und sagte: „Lasset den Strick in die Grube hinunter und haltet sein Ende fest.“ Die Jünger taten, wie ihnen der Meister befohlen. „Und nun“, sprach er, „ziehet mit großer Kraft!“ Da zogen sie den Strick mit größter Anstrengung, bis sie fast erschöpft waren. Das befremdete sie gar sehr. Plötzlich kam ein schönes Bett zum Vorschein. Darauf lag ein Mann, an dessen Gestalt die Abgesandten gleich ihren König erkannten. Die Leute waren fassungslos. Der ARJ jedoch trat an den Mann heran und weckte ihn aus dem Schlafe. Der sah sich entsetzt um. Der ARJ redete zu ihm: „Sprich, bist du der Mann, der meine Brüder, die Juden, zwingt, etwas zu geben, was sie nicht geben können?“ Er antwortete: „Ich bin es!“ Nun übergab ihm Rabbi Jizchak ein Schöpfgefäß ohne Boden und sprach: „Du sollst, o! König, diesen Brunnen bis zum Anbruch des Morgens ausschöpfen.“

Als der König den Eimer ohne Boden sah, schrie er verzweifelt: „Wehe! Und wenn ich tausend Jahre lebte, könnte ich dann den Brunnen leer schöpfen?"

Der ARJ erwiderte: „Verdrießt dich das? Und warum bist du gegen die unglücklichen Juden herzlos und forderst von ihnen eine unmögliche Leistung? Wenn du nun guten Willens deinen Befehl zurückziehst, werde ich dir wieder deine Freiheit geben, sonst aber wirst du aus dem Brunnen so lang schöpfen müssen, bis du daran zugrunde gehst!"

„Ich werde", sprach der König kleinmütig, „den Befehl zurückziehen, nur schenke mir das Leben."

„Dann ziehe", befahl der ARJ, „deinen Ring vom Finger und besiegle dieses Schriftstück!"

Dasselbe lautete: „Ich habe von den Juden heute das ganze Geld erhalten!"

Der König zog den Ring und besiegelte die Schrift.

Nun sprach der ARJ zum König: „Jetzt bist du frei! Und nun sage: Willst du durch den Graben nach Hause gelangen? Das währt nur eine kurze Weile, oder möchtest du auf natürliche Weise in die Heimat kommen, was zwei Monate dauern müßte?“

Der König darauf: „Ich wünschte wohl, auf dieselbe Weise nach Hause zu gelangen, wie ich hieher gekommen bin!“

Nun ließ der ARJ seine Jünger das Bett an einen Strick befestigen und befahl ihnen, es hinunter zu lassen.

Zu den Abgesandten aber sprach er: „Nun ziehet in eure Heimat und verkündet unseren Brüdern, daß die aufgezwungene Schuld getilgt ist.“

Stürmischen Herzens erwachte der König. Er befand sich wie gewöhnlich in seiner Schlafkammer und sprach zu sich: „Entsetzlich war es, aber glücklicherweise war es nur ein Traum!“

Als der festgesetzte Tag eintraf, ließ der

König die Juden auffordern, das Geld zu erlegen.

Da erschienen die Abgesandten der Juden vor dem König und sprachen: „Wir haben doch die Schuld bereits bezahlt, hier die Bestätigung, erkenne sie, Herr und König, an deiner Unterschrift und an deinem Siegel“ und sie wiesen das Schriftstück vor.

Der König erkannte seine Unterschrift und fiel vor Schrecken in Ohnmacht, aus der er erst nach einer halben Stunde erwachte.

Der König sprach: „Ihr seid im Rechte!“ und er ließ gleich im ganzen Lande verkünden: „Wer einen Juden übel anrühren wird, der ist des Todes.“

Alle erkannten nun die Wunder, die Gott an seinem Volke tat und wie er sie aus den Händen ihrer Bedrücker erlöste. Der König gab den Juden viele Geschenke und entließ sie mit Ehrfurchtsgrüßen an den Rabbi.

DER DYBUK

In Safed geschah einmal eine entsetzliche Begebenheit. Eine im Wirrsal befindliche Seele, der Geist eines sündhaft verstorbenen Menschen, drang in eine Witwe ein, quälte sie und tat ihr furchtbares Leid an. Kamen Menschen in das Haus und redeten den Geist an, so antwortete er auf jedes Wort, und man erkannte die männliche Stimme. Als einmal Rabbi Josef Arsin, ein Jünger des ARJ, gekommen war, um das Wunder zu sehen, rief der Geist: „Baruch haba, Adoni mori w'rabbi! Willkommen, mein Herr Lehrer und Meister! Entsinne dich meiner, der ich dein Schüler in Ägypten war!“ Er nannte seinen Namen wie auch den Namen seines Vaters; Rabbi Josef erkannte ihn wohl an Namen und Stimme. Die Verwandten der Witwe drangen nun in den ARJ, daß er den Geist aus dem Leibe der Frau vertreibe. Der ARJ hatte aber keine Zeit, ging daher nicht selber, sondern betraute seinen Schüler Rabbi Chajim Vital mit der Aufgabe. Er vertraute ihm einen Schem an, durch dessen Kraft der Geist, wenn er vorher mit dem Bann bedroht würde, den Körper der Frau verlassen müsse. Als Rabbi Chajim in das Haus der Witwe kam, kehrte die Frau Rabbi Chajim den Rücken. Rabbi Chajim rief: „Bösewicht, warum hast du dein Angesicht von mir abgewendet?“ Der Geist antwortete: „Weißt du nicht, daß ein Bösewicht in das Antlitz der Göttlichkeit nicht blicken kann?“ „Drehe dich um“, befahl Rabbi Chajim, „und sage mir, wegen welcher Sünde du dich auf der irren Wanderung befindest, und wer dir erlaubt hat, in den Körper der Witwe einzugehen?“ Der Geist antwortete: „Ich tat eine Sünde, eine schwere Sünde, ich verführte eine Frau zum Ehebruch und zeugte Bastarde mit ihr, es sind nun fünfundzwanzig Jahre her, seit ich aus dieser Welt geschieden bin, und seit meinem Tode durchwandere ich ruhelos die Welt. Ich werde von drei bösen Engeln an einer schweren Kette geführt und erbarmungslos gepeinigt, indem sie dazu rufen: „So geschieht es einem Juden, der eine Frau zum Bruche der Gattentreue verführt und Bastarde gezeugt hat.“ Rabbi Chajim fragte: „Wieso? Heißt es doch im Talmud, daß die Bösewichte im Gehinom bloß zwölf Monate gerichtet werden?“ Der Geist antwortete: „Dies ist wohl wahr! Doch geschieht es erst, nachdem die sündige Seele außerhalb des Gehinom die verdienten Qualen und Strafen bereits erlitten hat, dann kommt sie in das Gehinom, wo sie von allen Flecken und Sünden gereinigt wird, um in den Garten

Eden kommen zu können. Die Reinigung und Mühsalen im Gehinom machen jedoch nur ein Sechzigstel jener Strafen aus, die man vorher erleiden muß." Auf Befragen des Rabbi Chajim gab der Geist auch die Ursache seines Todes an, und erzählte wehklagend: „Ich bestieg in Alexandrien ein Schiff, um nach Reschit zu reisen. Nahe der Meeresküste kenterte das Schiff und ging unter. Ich ertrank bald und hatte nicht einmal Zeit, meine Sünden zu bekennen und die Verzeihung des Allgerechten zu erflehen. Als in Raschit die Kunde eintraf, daß ein Schiff gescheitert sei, kamen viele Juden, bargen die Leiche und bestatteten sie auf dem jüdischen Friedhofe. Als die Juden den Friedhof verlassen hatten, kam ein böser Engel und schlug mit einer feurigen Rute auf mein Grab, daß es sich sogleich öffnete. Er rief: ‚Bösewicht, Arger, komm zu Gericht!' Er faßte mich und schleuderte mich bis vor die Pforte des Gehinom. Hier erwarteten mich

Tausende und Abertausende Seelen von Bösewichtern und Frevlern und beschimpften und besudelten mich: ‚Fort von hier, du Bösewicht! Du bist noch nicht würdig, das Gehinom zu betreten.‘ Seit jener Stunde sind diese drei ‚Engel des Verderben‘ meine Begleiter. Ich hatte schreckliche Pein zu erdulden. Auf meiner Wanderung kam ich nach Hormas, einer großen Stadt in Indien, und hatte die Absicht, in den Körper irgendeines Juden einzudringen, der meiner Seele Erlösung bringen könnte. Als ich aber sah, daß dort die Juden Bösewichter sind und mit andersgläubigen Weibern geschlechtlich verkehren, hütete ich mich vor ihnen, um nicht durch die dort herrschende Unreinheit und Sittenverderbnis noch tiefer in den Abgrund zu sinken. Ich wanderte daher jahrelang von Tal zu Tal, von Berg zu Berg, bis ich endlich, vom langen Wandern ermüdet, in den schwangeren Leib einer Hündin eindrang. Doch ich litt in ihrem Körper großes Unbehagen, denn die Seele eines Menschen kann sich mit der Seele eines Tieres nicht vertragen. Auch die Hündin litt mich nicht und sie lief über Hügel und Felsen, bis sie eines Tages verendete. Nun zog ich in die Stadt Sichem in Erez Israel und drang in den Körper eines jüdischen Priesters ein. Er unternahm aber mit Hilfe der islamitischen Geistlichen große Zaubereien und sie führten ein Heer von unreinen Geistern zu, und so war ich wieder gezwungen, um nicht der Unreinheit zu verfallen, den Körper des Priesters zu verlassen. Dann flüchtete ich nach Safed und drang in den Leib dieser Frau ein." Rabbi Chajim fragte ihn: „Wie lange noch müßtest du in der Welt umherirren bis zu deiner Erlösung?" Der Geist erwiderte: „Bis die Bastarde, die ich zur Welt gebracht, gestorben sind; solange sie noch leben, kann ich nicht erlöst werden." Er weinte laut, und das anwesende Volk weinte mit. Dann erzählte der Geist, wodurch er über die Witwe Gewalt erhielt, und in ihren Körper einzudringen vermochte. „Ich verbrachte einmal eine Nacht in ihrem Hause. Frühmorgens erhob sich die Frau, um den Herd herzurichten. Sie schlug das Eisen auf den Stein, doch der Fetzen fing den Funken nicht auf. Da wurde sie zornig, warf Eisen und Stein aus der Hand und rief erregt: ‚Soll dich der ‘Ruach’ holen!‘ Da sie den bösen Geist anrief, so konnte sie ihn nicht mehr loswerden; die mich begleitenden Engel gaben mir die Erlaubnis, mich ihrer zu bemächtigen.“ Rabbi Chajim fragte: „Und wer hat dir erlaubt, in ihr Haus zu kommen und bei ihr Unterkunft zu nehmen?“ Der Geist erwiderte: „Die Engel der Verderbnis. Dies dafür, weil die Frau an den wundersamen Auszug der Juden aus Ägypten nicht glaubt.“ Nun rief Rabbi Chajim die Frau bei ihrem eigenen Namen und fragte: „Glaubst du, daß der Heilige, gepriesen werde sein Name, Himmel und Erde erschaffen hat und die Macht besitzt, alles zu tun?" „Ich glaube!" antwortete die Frau. Rabbi Chajim wiederholte seine Frage dreimal und die Frau erwiderte jedesmal: „Ich glaube!" Nun sprach Rabbi Chajim: „Verstoßene Seele! Im Namen meines Meisters, Rabbi Jizchak Lurja ha-Levi, und im Namen aller Frommen und Gerechten befehle ich dir, dich aus dem Körper dieser Frau zu entfernen, durch die kleine Zehe des linken Beines sollst du ihren Leib verlassen."

Als Rabbi Chajim diese Worte beendet hatte, fühlte sich die Frau frei und kehrte in ihren früheren Zustand zurück. Der ARJ gab Befehl, nachzusehen, ob die Mesusa an dem Türpfosten nicht verdorben sei, und da stellte sich heraus, daß die Frau gar keine Mesusa im Hause hatte.

DIE SEELENWANDERUNG

Der ARJ war einmal zu einer Hochzeit geladen. Der Bräutigam war ein großer Gelehrter, fromm, heilig und rein in seinem Wandel und von Gottesfurcht erfüllt. Nach der Trauung wurde ein großes Festmahl veranstaltet. Da geschah es, als der Neuvermählte ein Stückchen Huhn nahm, daß ihm ein Knochen im Halse stecken blieb. Er erstickte und starb.

Die Festgenossen jammerten und wehklagten. Der ARJ hingegen weinte nicht und sein Antlitz strahlte in Freude.

Die Anwesenden waren darob erstaunt und fragten ihn: „Warum ist Euer Angesicht so freudig?“ Er erzählte ihnen darauf eine Geschichte.

Es irrte einmal in der Welt eine Seele, die nirgends Ruhe fand. Da erging ein Beschluß des oberen himmlischen Gerichtshofes, daß diese Seele in den Leib eines reinen Vogels einzugehen habe. Wenn es dem Vogel glückt, von einem frommen Manne am Sabbat oder bei einem Feste verzehrt zu werden, wobei dieser über ihn beim Mahle den Segen spricht, dann würde die Seele erlöst werden und in die Halle der Seelen einkehren. So geschah es. Die Seele wanderte in ein Huhn, das von einem gottesfürchtigen, gelehrten Manne gekauft wurde. Schon glaubte sich die Seele erlöst, doch die Frau des frommen Mannes hatte irgendeinen Zweifel, daß dies Huhn vorschriftsgemäß geschlachtet worden und man es essen dürfe. Sie ging zum Rabbiner und trug ihm die Sache vor. Dieser untersuchte das Huhn nicht gründlich genug und entschied, das es rituell ungenießbar sei. So blieb die um Freiheit ringende nach Erlösung sich sehnende Seele noch weiter in der Irre.

Sie trat vor den himmlischen Gerichtshof und erhob Klage gegen den Rabbiner: „Alle Bedingungen meiner Erlösung waren gegeben, das Huhn war von einem frommen Manne für den Sabbat gekauft und war tatsächlich rein. Doch der Rabbiner vereitelte durch seine unvorsichtige Entscheidung meine Erlösung.“

Die Seele verlangte einen Rechtsspruch. Das Urteil lautete: Der Rabbiner wird von seinem irdischen Wirken abberufen, seine Seele wird eine Wanderung antreten, um in seinem neuen irdischen Dasein der Seele die ihr vom Himmel verheißene Erlösung zu geben. So kam die Seele wieder in ein Huhn, die Seele des Rabbiners aber in den Leib eines jungen gelehrten Mannes, denn sie hatte sonst keine andere Schuld auf sich. Und nun, wisset, der Neuvermählte trug in sich die Seele jenes Rabbiners, das Huhn jene verstoßene Seele, deren Befreiung er damals vereitelt hatte. Als nun der Neuvermählte das Huhn zu essen anfing, war jene Seele sofort erlöst, für ihn aber wahr der Zweck seines Herniederkommens und irdischen Daseins erfüllt und er hatte auf dieser Welt, da er auch die dem Rabbiner verkürzten Lebensjahre nachgetragen hatte, nichts mehr zu tun, auch seine Seele hat jetzt ihre letzte Wanderung vollzogen.

DIE HEILIGE SÜNDE

Ein armer und einfältiger Jude aus dem Kreise der Marannen, mit Namen Jakir, aus dem Lande Portugal, zog mit seiner Frau in die heilige Stadt Safed. Das Paar war kinderlos und wollte sein Leben im Lande der Ahnen verbringen. Als der Mann mehrere Wochen in Safed war, hörte er einmal einer Predigt des Rabbiners zu, der da von dem „Brote des Antlitzes" sprach, welches im Heiligtum Sabbat für Sabbat dargebracht zu werden pflegte. Bei der Erinnerung an das Heiligtum und seine Pracht konnte der Rabbiner seinen tiefen Schmerz nicht unterdrücken. Einen schweren Seufzer ausstoßend, rief er: „Wehe uns, daß wir in der Gegenwart die Brote vor dem Angesichte Gottes nicht darbringen können." Die Worte des Rabbiners rüttelten die Seele des einfältigen Marannen auf, sein Herz schmolz vor heißer Liebe zu Gott, seinem Herrn, zu dem er sich nun offen bekennen durfte. Es überkam ihn ein tiefes Mitleid für Gott und er wollte ihm wohlgefällig werden: „Ich werde meinem Gotte Brote darbringen", sprach er in seinem Herzen. Zu Hause angekommen sprach er zu seiner Frau: „Höre, mein trautes, keusches Weib! ich habe in der Synagoge gehört, wie der Rabbiner in tiefem Schmerze geklagt hat, daß wir in der Gegenwart vor Gott keine Brote bringen können, stelle dir vor, daß Gott Hunger leiden muß. Nun habe ich das Verlangen, weiße Brote dem Herrn darzubringen, daß er sie verzehre und seinen Hunger stille; backe sie aus dem reinsten Weizenmehl, damit sie ihm wohl schmecken. Empfängt er die Brote von uns, dann bringen wir sie ihm Freitag für Freitag dar."

Die Frau erfüllte das Verlangen ihres Mannes und buk zwei schöne Brote. Lange vor Eintritt des Sabbats trug er sie insgeheim in die Synagoge, öffnete die heilige Lade und sprach in großer Innigkeit: „O! du Herr des Himmels, der Erde und aller Wesen, erbarme dich deines Sohnes Jakir und empfange seine ärmliche Gabe. O! Herr, mein Gott, iß die Brote, und mögen sie dir willkommen sein wie einst die Opfer unserer Ahnen." Dann legte er mit zitternden Händen die Brote in die Heilige Lade und ging schnell nach Hause.

Als sich Jakir entfernt hatte, kam der Synagogendiener um den Wein zum Kidosch in die Heilige Lade zu geben. Und da er die Brote sah, nahm er sie an sich, denn er wähnte, ein frommer freigiebiger Jude habe sie für ihn hingelegt, insgeheim, um ihn nicht zu beschämen. Jakir hingegen ging nach dem Abendgottesdienst wieder in die Synagoge und als er sah, daß die Brote verschwunden waren, da war seine

Freude gar mächtig. „Sieh her,“ sprach er zu seiner Frau, „Gott hat unsere Gabe nicht verschmäht, er hat das Brot genommen und frisch verzehrt, gewiß war es ihm willkommen. Darum sei auch künftighin in deinem Tun nicht lässig. Wir wollen IHM nun Freitag für Freitag die Brote darbringen.“

Es währte eine lange Zeit. Der Maranne brachte die Brote pünktlich und geheim in die heilige Lade, und der Synagogendiener trug sie ebenso pünktlich und geheim nach Hause. Beide freuten sich und dankten Gott für seine Gnade. Es kam der „Sabbat des Liedes“. Der Rabbiner hatte nach altem Brauche eine groß angelegte Predigt über den wundersamen Auszug der Juden aus Ägypten zu halten. Am Freitag Nachmittag ging er in die Synagoge, um sich die Predigt einzuüben. Da erschien der Mann Jakir, um, wie gewöhnlich, die Brote in die Heilige Lade zu bringen. Er sah den Rabbiner nicht und trat in großer Ehrfurcht vor die Heilige Lade, neigte sich tief und betete, indem er die Lade öffnete, wie stets sein Gebet, Gott möge die Brote annehmen, mit großer Andacht.

„Tor!“ schrie ihn der Rabbiner an, „glaubst du, daß Gott ein fleischliches Wesen ist, welches ißt und trinkt? Wähnst du, daß Gott die Brote empfängt? Dem ist nicht so. Gewiß nimmt sie der Diener an sich, du aber glaubst, daß Gott sie verzehrt.“

Indessen kam auch der Diener, um sich die Brote zu holen. Da rief ihm der Rabbi zu: „Bekenne, daß du wegen der Brote gekommen bist.“ Der Synagogendiener gestand die Wahrheit und gab zu, daß er Freitag um Freitag die Brote genommen hatte.

Als der Maranne dies hörte, fing er an zu weinen und klagte gar jämmerlich. Er erzählte dem Rabbiner, wie er auf den Gedanken gekommen war, Gott Brote darzubringen; er wähnte, er tue ein gutes Werk, zum Schlusse sei es gar eine Sünde, und er ging ganz betrübt nach Hause.

Nach einer Weile kam in die Synagoge

ein Bote des ARJ zum Rabbiner und sprach zu ihm: „Mein Meister, der ARJ läßt dir sagen, daß du nach Hause eilen und dein Vermächtnis schreiben sollst. Morgen um die Zeit, da du die Predigt hättest abhalten sollen, wirst du sterben."

Ob dieser bösen Kunde war der Rabbiner sehr bestürzt und eilte zum ARJ.

„Was ist mein Vergehen und meine Schuld?" fragte er weinend, „daß ich im besten Mannesalter sterben soll?"

„Seit dem Tage," antwortete der ARJ, „da das Heiligtum verwüstet wurde, hatte der Heilige, sein Name sei gelobt, keine solche Freude wie an den zwei Broten des Marannen. Du aber hast diese Freude zu nichte gemacht, darum wurde über dich im Himmel das Todesurteil verhängt — es kann nicht aufgehoben werden."

Am folgenden Tage, gerade in der Stunde, die für die Predigt angesetzt war, starb der Rabbiner.

DER TIKKUN

Rabbi Jakob Abulafia erschien eines Morgens vor dem ARJ. Dieser kam ihm mit dem Gruße zuvor und sprach: „Jakob, nicht wahr, du hast im Sinne, nach Ägypten zu reisen, und kommst nun zu mir, damit ich dir eine Empfehlungsschrift gebe?“ Jener bejahte es. Dann sprach der ARJ: „Hier die Schrift! Mach' dich bald auf den Weg, denn deine Reise ist sehr wichtig.“ Rabbi Jakob fragte: „Worin liegt die Wichtigkeit, reise ich doch nicht eines guten Werkes wegen, sondern in eigener Sache, um Geld zu sammeln?“ „Du wirst es auf der Rückreise aus Ägypten erfahren.“ Rabbi Jakob reiste nach Ägypten, sammelte für sich eine ansehnliche Summe und machte sich zur Rückreise bereit. Unterwegs, als Rabbi Jakob mit seinen Reisegenossen rastete, schlummerte er ein. Er schlief mehrere Stunden, indessen zogen die Reisegefährten weiter. Als er erwachte und sich in der Wüste allein fand, ergriff ihn große Furcht. Er lief seinen Reisegenossen nach, konnte sie jedoch nicht mehr erreichen. Indessen wurde es Abend. Plötzlich sah er aus der Ferne einige Leute am Pfluge arbeiten. Er war darüber sehr erfreut und näherte sich ihnen. Da sah er, wie ein Pflüger die Ochsen erbarmungslos schlug, was ihn sehr verdroß. Jedoch er schwieg. Plötzlich sah er, wie sich die Ochsen in Menschen und die Menschen in Ochsen verwandelten, was sich mehrere Male wiederholte. Entsetzen erfaßte ihn, aber er konnte in der Dunkelheit der hereinbrechenden Nacht nicht flüchten. In der Nacht hörte das Spiel der Verwandlung auf, und es traten drei Männer an ihn heran. Sie sprachen ihn an: „Sei uns willkommen! Bist du aus Safed?“ „Ja!“ erwiderte er. Sie fragten: „Wohnt Rabbi Jizchak Aschkenasi in Safed?“ Er bejahte. Nun warfen sie sich vor seine Füße und weinten jämmerlich. „Du sahst“, sagten sie, „unser großes Leid! Erbarme dich doch unser. Wenn du in Safed ankommst, geh sogleich zum Rabbi und bitte ihn in unserem Namen, daß er sich unserer Seelen annehme und ihnen den Tikkun herbeischaffe.“ Sie weinten noch lange und Rabbi Jakob weinte mit ihnen. Er schwor ihnen, sich ihrer anzunehmen. Als er in Safed anlangte, ging er sofort zum ARJ. Dieser lief ihm schon entgegen und sprach: „Wegen der Ochsen kommst du zu mir! Gut. Doch gehe jetzt und komme morgen wieder.“ Am folgenden Tage, da Rabbi Jakob wieder beim ARJ erschienen war, sprach dieser zu ihm: „Nun begreifst du, warum deine Reise so wichtig war?“ Rabbi Jakob fragte: „Welche waren die Namen dieser

Menschen zu ihren Lebzeiten und womit haben sie sich so schwer vergangen, daß ihre Seelen eine so entsetzliche Verwandlung und so schwere Qualen erleiden müssen?“ Der ARJ nannte die Namen der drei Männer und sprach: „Ihre Sünde war, daß sie die Kopflocken abgeschnitten haben.“ Darauf Rabbi Jakob: „Und weshalb verwandelten sich ihre Seelen in Ochsen?“ Der ARJ antwortete: „Es steht in der Thora: ‚Lo takifu peat roschechem — ihr sollt eure Kopflocken nicht abschneiden‘, die Anfangsbuchstaben von den Worten ‚peat roschechem‘ sind ‘PR — Ochs’, und das besagt, wenn sich ein Mensch die Kopflocken abschneidet, dann wird seine Seele nach seinem Tode in einen Ochs verwandelt.“ Der ARJ schwieg eine Weile und sprach sodann: „Jakob, wisse, daß deine Seele und jene sündhaften Seelen von einer Wurzel sind, du trägst Funken von ihnen in dir, und daher obliegt es dir, sie zu erlösen und zur Ruhe zu bringen.“ Dann ordnete er an, auf welche Weise er ihnen den Tikkun, die Erlösung, bringen könne: eine Anzahl Fasttage, eine Anzahl Tauchbäder, das Lesen einer Anzahl Soharblätter. Rabbi Jakob befolgte alles. Nach einiger Zeit erschienen ihm jene Seelen im Traume und sprachen zu ihm: „Nimm Dank von uns! Seit dem Tage, da du das Werk zur Erlösung unserer Seelen begonnen hast, wurden unsere Leiden erleichtert, zunächst wurden wir von der schweren Arbeit und von der sich stets wiederholenden Verwandlung in Ochsen befreit, die Pforten der Hölle wurden für uns geöffnet; je weiter du in deinem Werk fortschrittest, um so weiter schritt unsere Befreiung. Als du das letzte Tauchbad genommen hast, vollzog sich unsere vollkommene Erlösung, und wir stiegen hoch in den Garten Eden. Wir danken dir!“

DAS ERSCHEINEN BENEJAHUS

Einmal vertraute der ARJ seinem Lieblingsschüler Rabbi Chajim Vital das Geheimnis eines Jichud, einer neuen Einigung und Bindung der göttlichen Sphären, und befahl ihm, zu dem Grabe der Amoräer Abaje und Raba zu wallfahrten und dort den Jichud zu vollziehen.

Rabbi Chajim Vital befolgte das Wort des Meisters. Als er zurückkehrte und vor dem Rabbi erschien, empfing ihn dieser strahlenden Angesichtes, erhob sich vor ihm und erwies ihm große Ehren. Rabbi Chajim war darüber sehr erstaunt.

„Warum werde ich denn heute mehr ausgezeichnet als an anderen Tagen?" fragte er.

„Nicht vor dir bin ich aufgestanden," erwiderte der ARJ, „sondern vor dem großen Feldherrn Benajahu ben Jehojada, der mit dir kam."

Da sagte Rabbi Chajim: „Ist denn das so richtig? Am Grabe Abajils und Rabas habe ich den Jichud vollzogen, und gekommen ist Benajahu?"

Der Rabbi gab ihm darauf keine Antwort.

Einige Tage später wanderten der ARJ und seine Gefährten zu dem Grabe Abajis. Sie gingen eine Strecke Weges schweigend nebeneinander. Plötzlich blieb der ARJ stehen und sagte zu Rabbi Chajim Vital:

„Der Jichud, in dessen Geheimnis ich dich letzthin eingeweiht habe, an dieser Stelle hast du dir ihn wiederholt. Hier aber liegt Benajahu — sein Andenken sei gesegnet! – begraben. Der Jichud berührte die Wurzel seiner Seele und deshalb war er mit dir gekommen.“

Rabbi Chajim erinnerte sich dessen und bestätigte, an dieser Stelle den Jichud wiederholt zu haben.

DIE BEDINGUNG

Ein Schüler des ARJ trug großes Verlangen, ein verschlossenes heiliges Urgeheimnis zu erfahren. Tag für Tag ging er darum den ARJ an, jedoch vergebens.

Eines Tages willfahrte der ARJ seiner Bitte. Er vertraute ihm einen neuen Jichud, mit dem Auftrage, ihn an eines Zaddik Grab, das er ihm bezeichnete, mit allen vorgeschriebenen Kawanot und mit größter Bedachtsamkeit anzuwenden, worauf ihm der Zaddik erscheinen und ein in den tiefsten Verborgenheiten schimmerndes Geheimnis offenbaren würde. Der ARJ knüpfte indes daran die Bedingung, daß der Jünger an diesem Tage keinen Menschen sprechen, ja nicht einmal den Gruß eines Vorübergehenden erwidern dürfe.

Der Jünger tat, wie ihm geheißen, allein der Zaddik erschien ihm nicht, und seine Sehnsucht nach ihm und seiner Offenbarung blieb unerfüllt.

Tiefbetrübt kehrte er zum ARJ zurück. „Rabbi," sagte er, „ich habe am Grabe des Zaddik genau nach Eurer Anordnung den Jichud getan, der Zaddik ist mir aber nicht erschienen, und kein Geheimnis wurde mir offenbart."

Der ARJ sprach darauf: „Du hast die Bedingung nicht eingehalten. Denn an dem gleichen Tage hast du einem Manne, der dir auf dem Wege begegnet ist, den Gruß entboten."

„Eure Augen, Meister, blicken in die weite Ferne", sagte der Schüler, hütete sich jedoch seit jenem Tage vom ARJ Offenbarungen von Urgeheimnissen zu verlangen.

DIE RUHELOSEN

Der ARJ wandelte einmal mit seinen Jüngern über die Felder, um ihnen die heilige Lehre vorzutragen. Da sah er, wie alle Bäume von Menschenseelen voll waren, wie über den Kräutern und Gräsern und selbst über dem Bach Myriaden von Seelen umherschwebten. Der ARJ fragte sie: „Was suchet ihr hier?“ Sie antworteten: „Wir sind Seelen von sündhaften Menschen, und nicht genug, daß wir in unserem Erdendasein unsere eigenen Sünden nicht bereut und keine Buße getan haben, haben wir noch unsere Freunde gehindert, ihre Sünden gutzumachen und Buße zu tun. Darum müssen wir zwischen

Himmel und Erde irren, ohne eine Ruhestätte zu finden, denn man hat uns aus der heiligen Zone verstoßen. Doch hörten wir, wie eine Stimme in allen Welten verkündete, daß es einen Frommen gebe, mit Namen Rabbi Jizchak Lurja, dem die Kraft eigne, verstoßene Seelen zu erlösen. Und nun haben wir uns hier versammelt, um ihn zu bitten, daß er sich unseres Unglücks erbarme und uns den Tikkun gebe, damit unsere furchtbaren Leiden ein Ende nehmen und wir zur Ruhe kommen können."

Der ARJ sprach zu ihnen: „Ich verspreche euch, daß ich euch erlösen werde."

DER BUCHSTABE

Der ARJ sagte, daß in die Stirn des Menschen die zweiundzwanzig heiligen Schriftzeichen Aleph, Bet, Gimel usw. eingegraben sind. Wenn ein Mensch ein gutes Werk tut, dann prägt sich dieses gute Werk in seine Stirn und erleuchtet jenes Schriftzeichen, mit dem sich das vollzogne gute Werk anhebt, und dieses leuchtet unaufhörlich in die Ewigkeit. Wenn aber der Mensch eine Sünde begeht, dann hüllt sich das betreffende Zeichen in Dunkelheit, und man sieht nur die Kehrseite.

Eines Morgens kam Rabbi Chajim Vital zum ARJ. Da sprach der Meister: „Rabbi Chajim, ich sehe, daß der Buchstabe Gimel an deiner Stirne dunkel ist.“ Rabbi Chajim erschrak gar sehr. „Meister,“ sprach er, „ich bin mir keiner Schuld bewußt.“ Der ARJ antwortete: „Du bist deinem alten Vater gegenüber nicht mit der ganzen Aufmerksamkeit ‚gomel chessed‘ und wendest ihm zu wenig Liebe zu, deshalb hat sich der Buchstabe ‚G‘, mit dem das Wort ‚Gomel‘ beginnt, in Dunkelheit gehüllt.“

Seit jenem Tage wendete Rabbi Chajim seinem Vater Liebe zu, wie nie vorher.

DIE BEWEGUNG

Ein Schüler des ARJ, Rabbi Gedaljahu, erzählte: „Wir pflegten an jedem Freitag mit unserem Meister außerhalb der Stadt zu wandeln und dort den Sabbat zu empfangen. Einmal führte er uns auf eine Bergspitze, von der aus man auf den Friedhof von Safed Ausblick hat. Plötzlich sprach er: ‚Sehet her!‘ und wies mit dem Finger auf den Friedhof. Und fügte hinzu: ‚Ich sehe Heere von Seelen aus den Gräbern aufsteigen — sie ziehen in die oberen Welten, um dort an der Wonne des Sabbat teilzunehmen; und ebenso steigen unzählige Seelen hinunter — es sind dies die ‚Naschomat jeterot‘, die Zusatzseelen, die jedem frommen Menschen am Sabbat beigegeben werden.“

DIE SÜHNE

Ein reicher Mann kam einmal aus weiter Ferne zum ARJ und sprach: „Bist du der Seher, dem alles Tun der Menschen offenbar ist?“ Er erwiderte: „Ich bin es!“ „Dann“, sprach der Mann, „errate, welche Sünden ich bis heute getan habe! Weißt du sie, dann will ich sie bereuen und vor keiner Buße, und mag sie wie schwer immer sein, zurückschrecken, sonst aber werde ich sagen, daß all dein Tun nur eitel Trug ist.“ Der ARJ trat an ihn heran, blickte ihm ins Antlitz, las ihm wie aus einem Buche all sein Tun seit seiner Jugend und hob besonders seine Sünde mit einer Dirne hervor. Der Mann gestand alles — bis auf die Sünde mit der Dirne. Nun öffnete der ARJ des Mannes Mantel und es erschien die Dirne. Als der Mann sie erblickte, fiel er fast in Ohnmacht. Er rief: „Ich habe gesündigt!“ und flehte mit jämmerlicher Stimme, daß der ARJ ihn von dem Gespenst befreien möge. Der ARJ aber sprach: „Unsere Weisen lehrten: ‚Wenn jemand einer Dirne beischläft, dann schließt sie sich ihm wie ein Hund an und geleitet ihn selbst bis in das Jenseits.‘ Nun könntest du ihrer nur durch wahre Buße, innige Reue und große Sühne ledig werden.“ Da sprach der ARJ: „Deine Sühne ist: Verbrennungstod.“ Der Mann, in dessen Herz das Licht der wahren Buße entfacht worden war, gab sogleich Geld, damit man Holz für einen Scheiterhaufen kaufe. Doch der ARJ sprach: „Ich richte keinen Scheiterhaufen her, das wäre eine zu leichte Todesart, sondern ich werde siedendes Blei in deinen Mund schütten und so den Tod nach jüdischer Art vollziehen.“ „Auch dazu“, sprach der Mann, „bin ich bereit!“ „So lege dich“, befahl der ARJ, „auf die Erde!“ Der Mann legte sich auf den Boden. Indessen machte sich der ARJ an die Arbeit, um siedendes Blei vorzubereiten. Als das Blei geschmolzen war, ließ der ARJ dem Mann ein Tuch über die Augen binden, sprach mit ihm Wort für Wort das Sündenbekenntnis „Oschamnu, bogadnu“ usw. und ließ ihm darauf den Mund öffnen. Doch kein siedendes Blei gab er ihm in den Mund, sondern feinsten Blumenhonig. Nun sprach er: „Deine Sünde sei vergeben!“ ließ den Mann aufstehen, empfahl ihm noch, als ein Mittel zur Verbesserung seiner Eigenschaften, täglich fünf Blätter im Buche Sohar zu lesen, obgleich er den Inhalt nicht verstehen konnte.

DIE LOHNVERKÜRZUNG

Einst kam Rabbi Abraham Galanti zum ARJ und sprach: „Ich fühle mich mit einer Schuld beladen, weiß aber nicht, mit welcher Sünde ich meine Seele befleckte. Also bitte ich dich, mir zu sagen, was ich Böses getan habe und wie ich für meine betrübte Seele einen ‚Tikkun' bekommen könnte."

Der ARJ warf einen Blick auf sein Antlitz und sagte: „Auf deiner Stirn ist ein Zeichen der Lohnverkürzung zu sehen; der Tikkon wäre, das Unrecht gut zu machen und den Verkürzten zu befriedigen."

Rabbi Abraham hatte eine Weberei und beschäftigte viele Arbeiter. Da er aus dem Munde des ARJ den Bescheid hörte, eilte er nach Hause und ließ alle Arbeiter zusammenrufen. Er fragte einen jeden: „Habe ich deinen Lohn verkürzt?“ Einer nach den andern erwiderte: „Du hast meinen Lohn nicht verkürzt!“ Da sprach Rabbi Abraham: „Sehet, dadurch, daß ihr euch immerfort mit dem von mir bestimmten Lohn zufrieden gabet, fügte es sich, daß ich an euch eine Lohnverkürzung verschuldete.“ Alsdann legte er eine große Summe Geldes auf den Tisch und rief: „Ein jeder nehme wieviel er will und verzeihe das Unrecht, das ich an ihm getan habe.“

Aber keiner der Arbeiter rührte die Hände. Endlich trat eine Frau, nachdem sie eine Weile überlegte, an den Tisch und nahm zwei Münzen an sich, ohne jedoch ein Wort zu sagen. Rabbi Abraham erinnerte sich, daß dieses Weib stets die beste Arbeit machte und begriff, daß er sie im Lohne verkürzt haben konnte.

Alsdann begab er sich freudigen Herzens zum ARJ. Der sagte gleich: „Der Tikkun ist vollbracht und deine Seele ist wieder rein.“ Rabbi Abraham erzählte ihm, an wem und auf welche Weise er das Unrecht gut gemacht hat. Da sprach der ARJ: „Es ist wahr, daß die Lohnverkürzung an dieser Frau schuld war, denn du hättest ihr für besondere Treue einen größeren Lohn bestimmen sollen. Wisse, daß im Himmel die Arbeit besonders geschätzt wird und das kleinste Unrecht, das man an einem Arbeiter tut, verursacht einen Fleck auf der Seele des Arbeitsherrn.“

DAS WUNDER

Einst traten die Jünger an den ARJ heran und sprachen: „Offenbare uns ein Wunder!"

Er antwortete: „Ihr werdet am kommenden Sabbat ein Wunder sehen. Bewahret euch aber, da ihr es sehen werdet, zu lachen, denn es besteht für den Lachenden eine große Gefahr."

Am Sabbat, da man den Wochenabschnitt aus der Thora vor der Gemeinde las, rief der ARJ zur Thora Ahron als Priester, Mose als Leviten, dann die drei Urahnen Abraham, Jizchak und Jakob sowie König David als Israeliten.

Tanzend wie einst bei der Überführung

der Heiligen Lade, trat David in das Bethaus.

Einer der Jünger konnte sich nicht enthalten und hob beim Anblick des hupfenden David zu lachen an.

Er starb noch im selben Jahre.

DER EHEBRUCH

In der Nachbarschaft des ARJ wohnte ein gottergebener und redlicher Mann, namens Abraham. Er war reich und wohltätig und verbrachte Tag und Nacht mit Lernen und guten Werken; seinen Handel überließ er seiner Frau. In der Nähe wohnte ein Jude, der oft in den Laden der Frau zu kommen pflegte. Plötzlich fiel dieser Jude in eine schwere Krankheit. Man berief die besten Ärzte, doch alle sagten: „Da ist nicht mehr zu helfen!" Man fand zu seiner seltsamen Krankheit kein Heilmittel und er starb nach kurzer Zeit unter schweren Schmerzen.

Einige Zeit danach tauchte in Safed ein schwarzer und abscheulicher Hund auf, der sehr gefährlich aussah und der immerfort um das Haus Abrahams sich drehte.

Den Einwohnern jener Gasse überkam eine große Angst vor ihm, sie trieben ihn mit Stöcken davon, doch er kam wieder zurück. Morgen für Morgen, wenn Abraham aus dem Hause trat, um in das Bethaus zu gehen, wachte der Hund vor der Türe, und er wollte in die Wohnung eindringen. Abraham strengte sich an, ihn davonzujagen, doch er wich nicht, und Abraham mußte jedesmal die Tür schließen, damit er nicht in das Haus hineinkomme.

Eines Tages vergaß Abraham den Riegel um die Tür zu legen. Da stieß der Hund die Tür ein und lief von Zimmer zu Zimmer geradeaus in die Schlafstube der Frau, die noch schlief. Er sprang auf das Lager, biß die Frau tief ins Fleisch und lief davon. Seit diesem Tage wurde er auch nicht mehr gesehen. Die Frau erhob ein jämmerliches Geschrei, und man hörte ihr entsetzliches Wehklagen im Hause des ARJ.

Alsbald kam Abraham zum ARJ und weinte ob des Unglückes, das sich in seinem Hause zutrug. Da sprach der ARJ: „Deine Frau war ein buhlerisches Weib und hat deinen frommen Nachbar zu der schweren Sünde des Ehebruches verführt. Der Mann starb unter fürchterlichen Qualen, und seine Seele mußte nachher in einen Hund wandern. Nun hat er durch die Rache an seiner Verführerin seinen Tikkon erreicht, und seine Seele stieg wieder in den Himmel hinauf."

Als Abrahams Frau von den Worten des ARJ erfuhr, da bekannte auch sie ihre Schuld, erzählte, wie sie ihren Nachbar zur Wollust verführt hatte und bat um eine Sühne für ihre sündhafte Seele. Der ARJ befahl Abraham seinem Weibe den Scheidebrief zu geben und versprach für die Schuldige, wenn sie wahrhaft Buße tun und ihre Sünde bereuen werde, zum Himmel zu beten.

Am selben Tage fand man am Grabe jenes Nachbars den toten Körper des schwarzen, abscheulichen Hundes.

DAS VERBOT

Als der berühmte RDBZ auf seine alten Jahre aus Kairo nach der heiligen Stadt Safed kam, um dort seine Werke zu vervollkommnen und sein Leben zu beschließen, verbot er dem ARJ die Lehren der Kabbalah öffentlich zu verkünden. Da erschien dem strengen Lehrer der Seher Elijahu und sprach zu ihm: „Rabbi Dawid ben Zimra, ich zeuge für die reine und wahrhafte Absicht des Jizchak ben Salomo ha-Lewi!"

Darauf begab sich der RDBZ in das Wohnhaus des ARJ und rief: „Jizchak ben Salomo ha-Lewi, mein Sohn, geh hin und offenbare die Geheimnisse, denn du bist dieser Sendung wahrhaft würdig!"

DAS GEHEIMNIS

Einst setzten sich die Jünger des ARJ ein, daß ihnen der Meister eine tief verborgene Stelle im Buche Sohar deuten solle. Sie machten Rabbi Chajim Vital zu ihrem Sprecher, denn sie wußten, daß der ARJ ihm aus dem unversiegbaren Quell tiefer Ewigkeitsweisheit nichts versagen durfte.

Des ARJs Antlitz wurde furchtbarer als je und er sprach: „Ich höre in diesem Augenblicke eine Stimme vom Himmel: ‚Dieser Satz im Sohar rührt an die Grundfeste des Erlösungswerkes und muß verschlossen bleiben.‘ Entbinde mich, Rabbi Chajim, daher der Obliegenheit, dir diese Stelle nach dem innern Sinn zu deuten.“

Rabbi Chajim aber brannte vor Begierde,

um das größte Geheimnis der Welt zu kennen, denn er wollte den Sinn erfassen, um durch ihn das Ende der Leiden und die Aufrichtung der Gottesherrschaft vor der Zeit zu erzwingen. Er sprach daher: „Du bist, Meister, einst vom Himmel verpflichtet worden mir alles zu offenbaren, wonach ich Verlangen haben werde, und du kamst auf diese Welt, nur um mich Thorah zu lehren, also mußt du mir alles vertrauen."

Da sprach der ARJ: „Versteife dich nicht eine Deutung zu erfahren, mit deren Hilfe die Zeit bezwungen und das Ende herbeigeschafft werden könnte, daß der Erlöser erscheinen müßte. Siehe, wenn ich das furchtbare Geheimnis, welches seit Rabbi Simon ben Jochaji kein Mensch wußte, nunmehr enthülle, dann wird unserer Gemeinschaft Schreckliches widerfahren. Ich ermahne dich zum letztenmal: Zwinge mich nicht zu dieser Deutung, denn ihr werdet es am Ende bereuen."

Rabbi Chajim erwiderte: „Es komme, was kommen mag, ich sehne mich das Geheimnis zu erfahren.“

Nun konnte der ARJ im Versagen nicht weiter beharren. Er stand auf und sprach im Angesichte der Jünger die furchtbare Deutung. Sie hörten sie in heiliger Hingebung und machte sie das Exil und seine Unbilde vergessen, so daß sie sich in den Zeitpunkt der vollkommenen Erlösung und der Wiederaufrichtung Jerusalems entrückt fühlten.

Gleich darauf sagte der ARJ: „Auch ich sehne mich nach der letzten Stunde, und mein Herz tut mir weh, wenn ich bedenke, daß die Seele Israels viele hundert Jahre von Wirbel zu Wirbel irrt und keine Ruhe findet, doch bewahrte ich das Geheimnis, da die Zeit der Gnade noch nicht da ist. Nun habe ich von dem Verborgensten die Hülle genommen, und da höre ich schon eine Stimme im Himmel verkünden: ‚Jizchak ben Salomo ha-Lewi hat das Geheimnis an seine Jünger ausgeliefert, er soll daher noch in diesem Jahre zu seinen Ahnen eingehen.‘ Mir ist es nicht um mein junges Leben bange, auch bin ich nicht um meine Familie bekümmert, nur um euch, meine Jünger, die ihr ohne mich die Vollkommenheit nicht erlangen werdet.“

Da wurden die Jünger sehr betrübt, und sie riefen: „O, daß wir in ihn doch nicht hätten drängen sollen!“

Da überkam den ARJ tiefes Mitleid, als er seine Jünger sich grämen sah. Er sprach: „Es wurde mir soeben ein hoffnungsvoller Beschluß vom Himmel kundgegeben, und der lautete: ‚Wenn die Jünger des Jizchak ben Salomo ha-Lewi ein halbes Jahr in Frieden, Liebe und Brüderlichkeit leben und kein einziger aus ihrer Mitte sich von einem Gedanken der Feindschaft und Verdrossenheit überwältigen lassen werde, dann soll das Todesurteil gegen ihren Lehrer aufgehoben werden, und er werde sein bestimmtes Erdendasein vollenden.‘“

(Das obgedachte gewaltige Geheimnis ist von Rabbi Chajim Vital in den „Schriften" nicht verzeichnet worden. Er bewahrte es in seiner Erinnerung und wird es am Tage der Auferstehung, wenn der Wille Gottes komme und der Messias erscheinen werde, verlautbaren.)

DAS STERBEN

Es fügte sich, daß einige Wochen nachher unter den Frauen der Jünger, die bekanntlich in einem Kreise wohnten, ein Streit ausbrach, dem zufolge es auch zwischen den Jüngern zu einer Uneinigkeit kam.

Es war Freitag. Der ARJ ging, wie immer an diesem Tage, außerhalb der Stadtgrenze um dort im freien Felde im Angesicht der göttlichen Natur den Sabbat zu empfangen, und die Jünger folgten ihm. Und da sahen sie, daß der Lehrer niedergeschlagen und traurig war. Als Rabbi Chajim Vital den ARJ in dieser Stimmung erblickte, erfaßte ihn Staunen und Angst, da er sich nicht erklären konnte, woher diese Trauer in dieser feierlichen Stunde käme. Denn man weiß, daß der ARJ ein freudiges Gemüt hatte.

Nach Heiligung des Sabbats trat Rabbi Chajim an ihn heran und redete zu ihm: „Meister und Herr, warum warst du in der Stunde des Gebetes so traurig?“

Der ARJ antwortete: „In der Stunde, da ich den Sabbat empfangen wollte, erblickte ich plötzlich Samael an meiner Seite und da verstand ich, daß das über mich wegen Verkündigung des Geheimnisses verhängte Urteil in Kraft kam, und daß ich nicht lange auf dieser Welt weilen werde. Das hat der heute unter euch ausgebrochene Streit bewirkt. Denn solange Friede und vereinter Wille unter den Jüngern geherrscht hatte, war Samael der Zutritt zu unserer Vereinigung verboten. Nun aber ist der Zaun durchbrochen.“

Da reute es die Jünger furchtbar. Wieder erneuerten sie den Bund des Friedens. Aber nach vier Wochen stieg der Lehrer in den Himmel auf und nahm fünf der Gefährten mit sich.

EINZELNE ÜBERLIEFERUNGEN AUS DEM LEBEN DES ARJ

Vermöge seiner geheimen Wissenschaft vermochte er, aus dem Gesichte und aus den Mundlinien eines Menschen dessen Vergangenheit und Zukunft, Glück und Mißgeschick, Frevel und Wohltat wie aus einem offenen Buche abzulesen.

Zuweilen pflegte er sich allein in die Wüste zurückzuziehen und dort Thora zu lernen. Er sagte, er tue dies, um sich mit der Schechina im Exil zu vereinen.

Er pflegte bittere Kräuter zu essen, um das Wort der Schrift zu erfüllen: „Und Dorn und Distel wird dir wachsen, und du sollst das Kraut des Feldes essen."

Er pflegte die Thora auf sieben Arten zu lernen; er gab ihr sechs, der Zahl der Wochentage entsprechend, einfache Ausdeutungen und einen geheimen Sinn vom Wesen des Sabbats.

Jahr für Jahr pflegte er am Sterbetage des großen Rabbi Simon ben Jochaj mit der heiligen Bruderschaft nach Meron zu gehen und am heiligen Grabe den ganzen Sohar zu lernen. Ein Schüler bezeugt: „Ein brennendes Feuer umgab uns, bis wir den Sohar vollendet hatten."

Als er sich eines Tages am Grabe des Sschemaja und Abtaljon befand, bereitete er einen großen Jichud. Als er fertig war, sprach er zu seinen Jüngern: „Betet, Genossen, daß der Maschiach ben Joseph zu euren Lebzeiten nicht sterben soll.“ Aus großer Bescheidenheit verschwieg er bis zu seinem Tode, daß ihm die Seele des Maschiach ben Joseph eigen war.

NACHBEMERKUNGEN*

Zur Vorbemerkung

(Seite 3.) SCHIBCHE HA-ARJ: ein oft erscheinendes, bei den kabbalistisch-chassidischen Juden sehr beliebtes Büchlein. Es enthält Geschichten aus dem Leben des berühmten kabbalistischen Meisters und seines Kreises. Es kann mit Sicherheit behauptet werden, daß der Verfasser dieser Schrift ein Zeitgenosse des ARJ war. Dem Buche „Mazref l'Chochmah" von Rabbi Josef Salomo Dalmedigo von Kandia, 1591–1655, sind einige Briefe des Salomo Salomols Meinsterl aus Zutenberg (?), Mähren (aus den Jahren 5367–1607 und 5369–1609) beigegeben,

* Die Erklärung der hebräischen und sonstigen dem deutschen Leser fremden Worte, siehe weiter Abschnitt „Worterklärungen".

welche mit den Geschichten des Schibche ha-ARJ übereinstimmen. Meinsterl verließ im Jahre 5663 sein Heimatsland Mähren, zog in das Heilige Land und ließ sich in Safed nieder. Er fand dort fast dreihundert Rabbiner, achtzehn Jeschibat, einundzwanzig Synagogen und ein Bet ha-Midrasch mit etwa vierhundert Schülern. Er heiratete dort die Tochter des Rabbi Israel Sarug, eines Jüngers des ARJ, der nach dem Tode des Meisters nach Europa ging, um die Lehre seines Meisters zu verpflanzen.

(Seite 8.) RABBI SIMON BEN JOCHAJ: eine der größten talmudischen Autoritäten des zweiten Jahrhunderts. Er hat, um den Verfolgungen der Römer zu entgehen, mit seinem Sohne dreizehn Jahre in einer Höhle gelebt. Er gilt als der Verfasser des Buches Sohar (s. „Worterklärungen"). Er ist vom Volke heilig gesprochen, welches um ihn einen üppigen Sagenkranz wob. Er sagte einmal: „Tal, Tal! fülle dich mit Golddenaren" und es füllte sich damit. Einst sprach er: „Ich habe die gesehen, welche der künftigen Welt teilhaftig werden, es sind ihrer gar wenige; sind es dreißig, so bin ich und mein Sohn darunter; sind es zehn, so bin ich und mein Sohn drunter; sind es zwei, so sind es ich und mein Sohn; ist es einer, so bin ich es." Über seinen Aufenthalt in der Höhle wird verschiedenes berichtet. Es wird erzählt: Rabbi Simon ben Jochaj und ein Sohn Eleasar brachten dreizehn Jahre verborgen in einer Höhle von Beka zu. Sie nährten sich von Johannesbrot, so daß ihr Körper sich ganz mit Ausschlag überzog. Am Ende des dreizehnten Jahres kam Rabbi Simon ben Jochaj heraus und setzte sich an das Tor der Höhle. Da sah er, wie ein Mensch Netze ausbreitete, um Vögel zu fangen. Beim ersten Mal, als er sie ausbreitete, hörte er, wie eine unsichtbare Stimme rief: „Dimus", und der Vogel entkam. Als er sie zum zweiten Male ausbreitete, hörte er, wie eine unsichtbare Stimme rief: „Specula", und der Vogel wurde gefangen. Da sagte er: „Selbst ein Vogel wird nicht ohne den Willen Gottes gefangen, was sollen wir hier sitzen?" Als er hörte, daß die Dinge sich beruhigt hätten, sagte er: „Wir wollen hinabgehen und uns in jener Quelle von Tiberias ausheilen." Dann sprach er: „Wir müssen uns dankbar erweisen, wie unsere Ahnen es getan, welche Märkte veranstalteten und billig verkauften." Also veranstaltete er einen Markt und verkaufte billig. Dann sagte er: „Wir müssen Tiberias für rein erklären!" Er nahm Feigenbohnen, zerschnitt sie und warf sie auf die Straße; überall dort, wo ein Toter war, wurde er emporgehoben und man entfernte ihn. Da sah ihn ein Kuthäer, der sagte: „Ich will mich über diesen Obern der Juden lustig machen!" Was tat er? Er nahm einen Toten und verscharrte ihn auf einer Straße, die Rabbi Simon für rein erklärt hatte. Alsdann ging er zu ihm und fragte: „Hast du die genannte Straße für rein erklärt?" Er antwortete: „Ja!" Darauf sagte der Kuthäer: „Wenn aber nach dir noch ein Toter zum Vorschein kommt!" Darauf Rabbi Simon: „Wohlan, zeige ihn mir!" Da schaute Rabbi Simon mit heiligem Geist und erkannte, daß der Kuthäer ihn dorthin gelegt hatte und sagte: „Was oben ist, soll hinunter, und was unten ist, soll herauf!" Und so geschah es. (Midrasch Thilim, Bloch, Spuren alter Volksbücher in der Agada.)

Die Grabesstätte Rabbi Simon ben Jochajs in Meron bei Safed wird von den Juden verehrt und von den Einwohnern Safeds oft besucht. In der Nacht zum 33 Omar (18 Ijar), dem Todestag des Rabbi, versammelt sich an der Grabstätte eine zahlreiche Menge aus allen Gegenden Palästinas, um hier sein Andenken zu feiern. Hierbei werden große Feuerbrände angezündet, um die getanzt wird.

(Seite 9.) DAWID SIMRA: richtig Dawid Ibn Abi Simra (oder Samiro), bekannt als RDBS. Geb. um 1479 in Spanien, gest. um 1589 in Safed. Er war dreizehn Jahre alt, als die Juden aus Spanien vertrieben wurden. Er kam nach Safed, wo er bei Rabbi Josef Sarogossa lernte, dann nach Kairo, wo er Mitglied des dortigen Rabbinates wurde. Vierzig Jahre lange war er dann Oberrabbiner von Ägypten. Aus seiner Schule – Jeschibah – ging unter anderen Rabbi Bezalel Aschkenasi hervor. In seinem neunzigsten Lebensjahre legte er sein Amt nieder und zog nach Jerusalem, später nach Safed, wo er unter Rabbi Josef Karo Mitglied des Rabbinates wurde.

(Seite 10.) ELIESER ASKARI: Jünger des Rabbi Josef Sagis und des Rabbi Josef Karo. Askari war der Gründer der Bruderschaft „Sukkat Schalom“ („Die Friedenshütte“) in Safed, für die er im Jahre 1585 sein „Sefer Charedim" („Buch der Furchtsamen") mit Bußebetrachtungen und liturgischen Liedern geschrieben hat. Er war ein Freund und Bewunderer des ARJ. (Siehe seine „Bakaschot" bei Wiener, Die Lyrik der Kabbalah, Wien 1920.)

(Daselbst.) SAFED: ist im Talmud (Jerus. Rosch Haschana, Abschn. II) erwähnt. Auf dem Gipfel des Berges von Safed pflegte man Feuerbrände anzuzünden, um den Umwohnern das Erscheinen des Neumondes anzukündigen. Nach der Zerstörung des Heiligtumes in Jerusalem bestand hier eine Priestergenossenschaft, die den Tempeldienst fortsetzte. Im sechzehnten Jahrhundert stand die jüdische Gemeinde von Safed in hoher Blüte und war der Mittelpunkt des Studiums der Thorah und der Kabbalah. Hier lebten und wirkten Jakob Barab, Josef Karo, Mose de Trani, Salomo Alkabeiz, Mose Kordevero und Mose Alscheich. Bemerkenswert ist noch heute das Bethaus des ARJ.

(Seite 11.) MERON: im Talmud (Jerus. Taanith, Abschn. IV) genannt. Hier lebte Rabbi Simon b. Jochaj und sein Sohn Elieser, und fanden hier ihre Ruhestätte. Interessant ist die Synagogenruine von Meron, aus der Zeit unmittelbar nach der Zerstörung Jerusalems.

(Seite 12.) SEE TIBERIAS: im Talmud (Baba Batra, F. 74) erwähnt und ist mit dem biblischen Kinneret-See identisch. Er ist von steilen Bergen eingeschlossen. Am Westufer des Sees liegt die Stadt Tiberias.

(Daselbst.) TOD DES ARJ: Ich halte es für angebracht, an dieser Stelle noch einiges wichtige Material zur Biographie des ARJ mitzuteilen.

Das Wort ARJ legt sich aus den Anfangsbuchstaben der Worte: „Askenasi Rabbi Jizchak", oder „Adonenu Rabbi Jizchak" („Unser Herr Meister Jizchak") zusammen.

Der bekannte jüdische Bibliograph Chajim Josef Dawid Asulai, der besonders, was den Orient betrifft, verläßlich erscheint, berichtet in seinem Lexikon „Schem ha-Gadolim", daß der ARJ einen Kommentar zum Talmud, Traktat Sebachim, verfaßt hat, welches Werk aber nie gedruckt wurde.

Rabbi Chajim Vital, der Lieblingsschüler des ARJ, berichtet, daß sein Meister den Jüngern zur Hauptpflicht gemacht hatte, täglich vor dem

Morgengebet ein besonderes Gebet zu verrichten, daß ihnen Gott helfen möge, das Gebot „Liebe deinen Nächsten wie dich selbst" wahrhaft zu erfüllen. Er pflegte zu sagen, daß dieses Gebot die Wurzel aller Gebote ist, und wer alle Menschen, auch die „Gojim", liebt, der kann den „Heiligen Geist" erlangen.

Der ARJ hat für den Sabbattag drei „Tischlieder" verfaßt. Sie werden noch heute von den Chassidim und kabbalistisch gesinnten Juden des Orientes bei den Mahlzeiten am Sabbat mit großer Innigkeit gesungen. Sie sind im aramäisch-hebräischen Idiom verfaßt. Ich lasse hier die Nachdichtung eines dieser Lieder, das für die „dritte Mahlzeit", nach Wiener, folgen:

Ihr Palastkinder, die ihr euch sehnt,
Zu schauen den Glanz des kleinen Gesichtes,
Wagt euch hervor an diesen Ort,
Des freudigen Königs freut euch jetzt,
Sorglos zu dieser Stunde lauterer Freundschaft,
Im Rat geflügelter Geister.

Kommt, nahet, sehet die Nacht.
Weg und fort sind die strengen Rechte.

Schmachten draußen festgebannt,
Jene schamlosen Geiferhunde.

Jetzt lade ich ein den Ältesten der Tage,
Zu ruhn, bis der Tag vorbei.
Ihnen zum Trotz;
Sein Wille entblöße sie von ihren Hüllen.
In Abgründe geworfen,
Verstecken sie sich in Felsenspalten.
Freut euch jetzt in der Dämmerung
An der Freude des kleinen Gesichtes.

Bereiten wir nun das fromme Mahl,
Zur vollkommenen Freude des heiligen Königs,
Der Alte der Tage vom heiligen Apfelgarten
Kommt zu dem Mahl des kleinen Gesichtes.

Einige andere poetische Seelenergüsse sind als „Piutim“ in die Liturgie der Spaniolen aufgenommen.

Von seinen sogenannten „Minhagim“ (Einführungen, Bräuche), sind einige ganz bemerkenswert; sie werden in kabbalistisch-chassidischen Kreisen noch heute beachtet.

1. Am Sabbat soll man weiße Kleider anziehen. (Zeichen der Gnade.)

2. Man bestrebe sich am Sabbat Fische zu essen. (Zeichen der Fruchtbarkeit.)

3. Man soll die Finger nicht ineinanderlegen.

4. Man soll zwei Kleidungsstücke auf einmal nicht anziehen.

Die Familie Luria, deren Urahnen aus Lothringen nach Deutschland kamen, stammt von dem berühmten Bibelerklärer Raschi (1040 bis 1105) ab.

An der Stelle, an der das Haus des ARJ stand, erbaute ein Jude sein Wohnhaus. Ein Greis warnte den Bauenden mit den Worten: „Der Ort, auf dem du stehst, ist heilig Land und darf nicht entweiht werden." Die Worte blieben jedoch unbeachtet. Als das Haus vollendet wurde, brach ein Feuer aus und verwandelte es in einen Trümmerhaufen. (Bergmann: Die Legenden der Juden, Berlin 1919.)

In seiner „Geschichte und Entwickelung der Kabbalah" (Trier 1894) läßt sich der verewigte Philipp Bloch gegen die Richtung des ARJ zu folgenden scharfen Worten herbei: „Isaak Luria und Chajim Vital haben es hauptsächlich verschuldet, daß mystische, schwärmerische und abergläubische Vorstellungen absonderliche und asketische Bräuche das ganze jüdische Leben infizierten, daß der Sohar eine Verehrung erlangte, die geradezu an Vergötterung streifte, und daß eine öde, langatmige Literatur sich entwickelte, welche Sohar, Bibel und Talmud durcheinander wirbelte und die abgeschmacktesten Hirngespinst zutage förderte.“ Doch hat es den Anschein, daß dieser gründliche Kenner der Kabbalah ein Jahrzehnt später eine andere Meinung faßte. In seinem Aufsatze „Die Kabbalah auf ihrem Höhepunkt“ schreibt Bloch folgendes: „Sie hat eine neue Quelle des Mutes, der Kraft, zu dulden und zu tragen, den Gequälten und Verjagten eröffnet, als im siebzehnten und achtzehnten Jahrhundert wiederum schwere Stürme und Verfolgungen über zahlreiche Gemeinden hereingebrochen ... Sie hat den Glauben gehoben, die Nerven gestählt, den Blick unverwandt an den Himmel geheftet, an welchem die Hoffnungssterne dem trostbedürftigen Auge nimmer entschwanden. Sie war es, welche das Gewissen schärfte und das Pflichtbewußtsein stärkte.“ (Monatsschrift f. d. Wissenschaft des Judentums, Jahr 1905.)

Der bekannte Streiter und Kritiker Rabbi Jakob Emden sagt vom ARJ: „Es ist von allen bestätigt, daß Rabbi Jizchak Luria ein göttlicher Mann war."

(Seite 15.) „WIE ADAM VOR DER SÜNDE": Es heißt im Talmud: „Als die Schlange über Eva kam, legte er in ihr eine Trübung. Bei Israel, das am Berge Sinai stand, schwand sie, bei den Heiden aber, die am Sinai nicht standen, hörte sie nicht auf." (Sabbat 146.)

(Daselbst.) „SÜNDE DES GOLDENEN KALBES": Dazu sagt der Talmud: „Als die Juden die Sünde des Kalbes begingen, stiegen hundertzwei Myriaden böser Engel herunter." (Sabbat 55.)

(Daselbst.) „DER BÖSE TRIEB, JEZER HORA": Nach dem Talmud (Baba Batra 16) ist der Jezer Hora mit dem Satan identisch, und an anderer Stelle (Sukkah 52) heißt es: „Der Trieb der Menschen ist gewaltig und würde Gott den Menschen nicht helfen, er könnte gegen ihn nicht bestehen."

(Seite 19.) „ES GIBT KEINEN ZADIK AUF ERDEN": Kohelet, VII, 20.

(Seite 20.) „DIE ZEHN ERSCHLAGENEN"

und „NIEDERWERFUNG DES BAR-KOCHBA-AUFSTANDES“: Simon Bar-Kochba, Anführer der Juden in dem großen Aufstande derselben gegen die Römer unter Kaiser Hadrian. Er hatte sich bei seinem Auftreten den Namen Bar-Kochab, Sohn des Gestirnes, gegeben, nach 4. Buch Moses, Kap. 24, Vers 17, und kämpfte anfänglich mit so großem Glücke gegen die Römer, daß diese sogar Jerusalem räumen mußten, worauf er sich zum König ausrufen ließ. Erst als Julius Severus, der Feldherr Hadrians, mit einer großen Streitmacht anrückte, gelang es ihm, Jerusalem und dann die Festung Bether zu erobern, in welcher Bar-Kochba eingeschlossen war und in welcher er auch bei der Einnahme fiel. Dieser Aufstand hat beinahe 600 000 Juden das Leben gekostet. Zehn der vornehmsten jüdischen Gelehrten, unter ihnen Rabbi Akiba und seine Genossen, wurden hingerichtet; sie stehen noch heute beim jüdischen Volke in großer Verehrung und man gedenkt ihrer am neunten Ab, dem Tage der Vernichtung des Heiligtums, und am Versöhnungstage.

(Daselbst.) AKIBA: berühmter Mischnahlehrer

im ersten Jahrhundert n. Chr., Jünger des Rabbi Gamliel (zweiter). Er wurde wegen Teilnahme an dem Aufstande Bar-Kochbas von den Römern gefangen genommen und auf Befehl ihres Feldherrn grausam hingerichtet.

(Seite 23.) „WARUM GOTT SEIN LIEBLINGSVOLK ISRAEL IN ALLE WELT ZERSTREUTE“: Dazu sagt der Talmud: „Eine Gnade erwies der Heilige an Israel, daß er es unter den Völkern verstreute.“ (Pessachim 87.)

Zu: Jugendjahre

RABBI BEZALEL ASCHKENASI: berühmter Rabbiner, Verfasser des Werkes: „Schita mekubezes“. Er war Jünger des RDBS und Lehrer des ARJ.

Zu: Die Erweckung

CHAJIM VITAL AUS DAMASKUS: Rabbi Chajim Vital (Vidal) Calebrese, der oberste Jünger und geistiger Erbe des ARJ und Aufzeichner seiner Lehre. Geboren im Jahre 1543 in Italien und kam als Knabe mit seinen Eltern nach Palästina. Er hatte sich anfangs mit der „Praktischen

Kabbalah" befaßt und eine kurze Zeit mit Alchemie und Goldmacherei beschäftigt. Er starb im Jahre 1620. Von seinen Werken sind bekannt: „Sefer ha-Gilgulim" (Das Buch von den Seelenwanderungen) und „Ez Chajim" (Der Baum des Lebens). Sein „Sefer ha-Chesjonot", welches auch unter „Schibche Rabbi Chajim Vital" bekannt ist, wurde von mir deutsch bearbeitet und wird unter dem Titel „Das Leben eines Kabbalisten, nach seinen eigenen Aufzeichnungen" mit Gottes Hilfe in absehbarer Zeit erscheinen.

Zu: In das Heilige Land

MOSE KORDOVARO: berühmter Kabbalist, Verfasser des Werkes „Pardat Rimonim" („Der Garten der Granatäpfel"). Er starb im 48. Lebensjahr.

JOSEF KARO: Verfasser des „Schulchan-Aruch", auch berühmter Kabbalist (1488 bis 1575).

HEILIGEN NAMEN SPRECHEN: Es heißt im Talmud: „Wer sich des heiligen Namens um seineswillen bedient, stirbt in der Mitte seiner Jahre." (Sanhedrin 65.)

Zu: Der Fuchs und der Löwe

TIBERIAS: Nach der Zerstörung Jerusalems wurde Tiberias geistiger Mittelpunkt der Juden. Hier wurde die Mischna und der Jerusalemitische Talmud abgeschlossen. Der Überlieferung nach befindet sich hier der Brunnen Mirjams.

Zu: Der sprudelnde Quell

RABBI ABRAHAM BROCHIM: Asulai gibt an, daß er die Schechina im wachenden Zustande gesehen hat.

Zu: Das Werk

SAMUEL OZIDAH: war später Jünger des ARJ. Er ist der Verfasser des „Midrasch Samuel".

Zu: Zauberei

„KOMMT EINER UM SICH ZU VERUNREINIGEN": Sabbat 104.

Zu: Das Zeichen

RABBI MOSE ALSCHEICH: Rabbi Mose Alscheich (All-Scheich), Schüler des Rabbi Josef Karo, und Lehrer des Rabbi Chajim Vital. Verfaßte ein bedeutendes Werk: „Erklärungen zur Heiligen Schrift“.

Zu: Der Tikkun

LO TAKIFU PEAT ROSCHECHEM: III. Buch Moses, Kap. 19, Vers 27.

Zu: Das Erscheinen Benejahus

BENJAHUNE BEN JEHOJADA: Feldherr des Königs Dawid. Siehe Samuel II, 23, 22.

Zu: Das Wunder

DER TANZENDE DAWID: Samuel II, Kap. 6, Vers 14—16.

Zu: Das Sterben

SAMAEL: ein Dämon, der oft als der Satan und Verführer, manchmal aber als Bote des Todesengels dient.

Zu: Einzelne Überlieferungen

UND DORN UND DISTEL WIRD DIR WACHSEN: I. Buch Moses, Kap. 2, Vers 17—18.

WORTERKLÄRUNGEN

ARJ, der Löwe, Beiname des Rabbi Jizchak Lurja.

ASCHAMNU, „Wir haben verschuldet!“ Das Sündenbekenntis der Juden, ein Teil des täglichen Gebetes (mit Ausnahme von Sabbat und Festtagen), zählt 25 Sündenarten und beginnt mit „Aschamnu“.

BEN, Sohn.

BET-HAMIDRASCH, Haus der Forschung, allgemeines Lehr- und Bethaus.

CHAWRAJA KADISCHA, Heilige Genossenschaft.

CHIZONIM (Singular „Chizon“), „Äußerlichkeit“, Benennung für böse Geister.

DYBUK, „Anschmiegender“, „Anheftender“. Gemeint ist der böse Geist eines sündhaft verstorbenen Menschen, der auf der Irre ist und in einen lebenden Menschen eindringt. Der um die Volkskunde im Osten Europas verdienstvolle Schriftsteller An-ski (Salomon Rappaport) hat unter dem Titel „Zwischen zwei Welten" ein ergreifendes Drama verfaßt, das den Dybuk zum Hauptthelden hat. Es liegt auch eine gelungene deutsche Übersetzung von Olga Nossig (Berlin 1922, Harz-Verlag) vor.

EREZ-ISRAEL: Das Land der Juden, Palästina.

GALUT: Verbannung, Exil, Verstreuung.

GEHINNOM: Das Tal Hinom, die Hölle.

GILGUL (Singular „Gilgul"), die Wanderung einer Seele in das Erdendasein, nachdem sie einmal im Körper eines Menschen war. Zum Verständnis lese man das Buch „Gilgul, ein Roman aus dieser und jener Welt" von Herman Blumenthal. (Wien 1923.)

GOMEL CHESSED, Gnade üben, Gutes erweisen.

HITBODATUT, freiwillige Absonderung, Weltflucht, um sich ausschließlich Gott hinzugeben.

IBBUR, die Schwängerung einer oder mehrerer Seelen von Verstorbenen.

JESCHIBAH, Hochschule für die rabbinische Wissenschaft.

JEZER HORA, der böse Trieb.

JICHUD, die Einung. Die Kabbalah kennt die Göttlichkeit in einer männlichen – Kidscho Bruch hu – und seiner weiblichen – Schechina – Kraft. (Man hüte sich nur, diese kabbalistische Anschauung, die doch mit einem Weibe von Blut und Fleisch nichts zu tun hat, als Bestätigung der christlichen Anschauung zu verwenden.) Es ist die Aufgabe des frommen, vollkommenen Menschen, durch gute Werke und reine gottgeweihte Handlungen die beiden Kräfte zu vereinen.

KABBALAH, Empfang, Überlieferung; die geheime Lehre der Juden. Die Kabbalah ist vom rabbinischen und selbstverständlich auch vom modernen Judentum abgelehnt worden.

KAWANNAOT (Singular „Kawannah"), die Absicht, die Gedankenrichtung. In der kabbalistisch-chassidischen Welt hat die Kawannah bei der Handlung irgendeiner Sache große Bedeutung.

KIDDOSCH, Heiligung. Hier wird der Segensspruch über den Wein am Sabbat gemeint.

KOSCHERES, rituell gestattet.

MARANNEN, unter Marannen versteht man die in Spanien zur Zeit der Inquisition als Scheinchristen lebenden Juden, hebräisch „Anusim", die „Gezwungenen".

MASCHIACH, der Erlöser der Juden aus der Diaspora.

MESUSAH, Röhrchen, das ein Pergamentröllchen mit dem Schema-Abschnitt enthält und an dem Türpfosten eines jeden von Juden be nutzten Raumes angebracht wird. (V. Buch Moses, Kap. VI, Vers 4–9.)

MISCHNAJOT, der Hauptteil des Talmuds.

NASCHAMA, Seele. Die Seele ist nach dem Sohar das, was den Menschen wirklich ausmacht, während der Leib nur ihr Kleid ist. Sie weist drei Hauptbestandteile auf: Erstens die Naschamah, welche der Sitz der Vernunft und mit dem Absoluten verbunden ist; zweitens der Ruach, worinnen der Wille das Gute und das Böse wirkt; drittens die Nefesch, die animalische Seele. Man könnte auch von Seele, Geist- und Sinnenbereich sprechen.

NASCHAMAT ARTILAEN, die nackten, abgerissenen Seelen.

NASCHAMA JETERO, die Zusatzseele. Nach dem Talmud (Beza 16) erhält jeder Jude am Eingang des Sabbat eine Sonderseele, die ihn erst mit dem Ausgang des Sabbats verläßt.

NEFESCH, siehe Naschama.

NIZUZ, ein Funke.

OLAM HA-TOHU, die Welt der Wirrsal.

OLAM HA-TIKKON, die Welt der Verbesserung, der Ordnung.

RUACH, siehe Naschama.

RUACH HA-KODESCH, der heilige Geist.

SCHEM, Name, gemeint ist der heilige Namen Gottes.

SCHECHINAH, die Ruhende, Gottesgegenwärtigkeit.

SCHOPHAR, das Widderhorn, die Posaune.

SOHAR, Glanz, das Buch Sohar. In der Hauptsache ein Kommentar zur Bibel, das Rabbi Simon ben Jochaj (im zweiten Jahrhundert n. Chr.) als geistigem Urheber zugeschrieben wird. Das Buch ist in aramäischer Sprache verfaßt, damit, wie es die Weisen der Kabbalah behaupten, die Engel, die die aramäische Sprache nicht verstehen (siehe Sabbat 12), die Menschen nicht beneiden sollen. Im Sohar ist der wahre Sinn über die Entstehung der Welt verborgen. Der Sohar ist mit soviel Wärme und Gemüt geschrieben, daß es kein Wunder ist, daß er einen so tiefen Eindruck machen konnte. Was in ihm klar und verständlich ist, atmet eine unendliche Liebe zu Gott und ein Streben nach köstlicher Erkenntnis, es führt den Menschen in die höheren Regionen.

THORA, die Lehre.

TIKKUN, Herstellung, Verbesserung. Wenn man einen Fehler begeht, so kann man durch ein gutes Werk den Fehler gut machen. Der wahrhaft Fromme kann für die sündhafte Seele eines andern einen Tikkun machen.

ZADIK, der Gerechte, der vollkommene Mensch.

Bloch, Chajim:
Kabbalistische Sagen / Chajim Bloch. – Reprint d. Orig.-Ausg. Leipzig 1925. Leipzig : Reprintverlag im Zentralantiquariat der DDR, 1990. – 175 S.
ISBN 3-7463-1638-3

Reprint der Originalausgabe von 1925
nach dem Exemplar der
Universitätsbibliothek Leipzig

Reprintverlag Leipzig im
Zentralantiquariat der DDR

ISBN 3-7463-1638-3

Druck: (52) Nationales Druckhaus Berlin
Printed in the German Democratic Republic
Ag 509/27/89/2154